Hágalo Usted Mismo

Todo lo que siempre quiso saber sobre cómo reparar
las cosas más simples de su casa

Corina Noguera

ediciones
SuperPráctica

Edición
Cecilia Repetti

Dirección de arte
María Laura Martínez

Diseño y diagramación
Andrés N. Rodríguez
Gerardo Garcia

Ilustraciones
Sergio Multedo
Gerardo Garcia

Fotografías
Gerardo Garcia

Corrección
Diana Macedo

Hágalo Usted Mismo
1ra. edición – 5000 ejemplares
Impreso en **Gráfica Pinter**
Mexico 1352, Buenos Aires, Argentina
Marzo 2006
I.S.B.N. 950-24-1122-6

Agradecimientos

Agradecemos a las siguientes empresas por habernos apoyado
en este proyecto.

Noguera, Corina
    Hágalo ud. mismo : carpintería, plomería, albañilería y pintura.
1a ed. - Buenos Aires : Superprácticas, 2006.
    160 p. : il. ; 19x26 cm. (Hogar)

    ISBN 987-1195-03-6

    1. Instalaciones de la Casa. I. Título
    CDD 644

Para contactarse con la autora:
www.corina.com.ar // corina@corina.com.ar

Los trabajos en casa

El haber reparado y decorado mi propio hogar, sumado al deseo de compartir con otras personas mis conocimientos, fue el motor que me impulsó a escribir este libro.

Su objetivo es que todos puedan resolver sencillos trabajos en casa, desde cambiar un cuerito para que deje de gotear la canilla, reparar la persiana del dormitorio que tiene la cinta atascada desde hace meses —y por este motivo no sube ni baja como corresponde—, arreglar el pedacito de revoque que se desprendió con la última lluvia, hasta elegir qué terminación decorativa puede realizarse en el dormitorio del recién llegado a la familia.

Cada tema está explicado paso a paso, y acompañado con dibujos y fotos que ilustran los textos para una mejor y más rápida comprensión de los trabajos.

Además de permitirnos realizar con nuestras propias manos las reparaciones hogareñas, esta propuesta ayuda también a colaborar con la economía familiar, ahorrando dinero ya que, para muchos de los trabajos presentados, no se necesita contratar mano de obra especializada. Incluimos un pequeño grupo de proyectos para los que se animan un poco más, por ejemplo, cómo realizar la instalación de una bañera.

Espero que disfruten y puedan aprovechar cada uno de los proyectos. Hasta la próxima.

Corina Noguera

Carpintería
en casa

Introducción a la carpintería

Para realizar algunos arreglos y trabajos en carpintería, y gracias a los materiales y herramientas modernas que existen hoy en el mercado, no necesitamos ser carpinteros expertos.

Siguiendo una guía simple del uso y aplicación de los materiales y herramientas del gremio, podrá lograr un sinfín de arreglos y armado de muebles en casa, todo realizado con sus propias manos.

En la actualidad la mayoría de los trabajos de carpintería son realizados en una placa denominada MDF.

¿Qué es el MDF?

Es una sigla cuyo significado es madera de densidad media, más conocida en los comercios como fibrofácil. Está realizada con fibras de madera de densidad media. Por sus características, como la resistencia, estabilidad, uniformidad y la suavidad de su superficie sin imperfecciones, se pueden obtener excelentes terminaciones.

Otra ventaja de este material es que se trabaja con herramientas comunes en carpintería, y nos permite ensamblar, lijar, pegar, tallar, cortar, atornillar y perforar sin ningún tipo de complicaciones. Otra ventaja de las placas de MDF, es que se pueden aplicar diferentes tipos de terminaciones, tales como el enchapado, pintura, laqueado, realizar falsos acabados, imitando otros materiales cómo mármoles o maderas más caras.

Las presentaciones de estas placas vienen en diferentes espesores de 3 - 5,5 - 9 - 12 - 15 - 18 - 20 - 22 - 25 y 30 mm y su formato estándar es de 1,83 m x 2,60 m.

¿Qué tener en cuenta antes de comprar madera?
Cuando compre cualquier tipo de madera, sea cual fuere su destino, para hacer un piso o un mueble, ésta debe estar bien estacionada, seca y tratada contra insectos. Es importante que sepa que las maderas alabeadas o tablones de maderas torcidas, salvo para hacer una linda fogata, no sirven para otro fin.

Algunos comentarios sobre las maderas naturales

Como es sabido, el oficio de carpintero requiere de una cierta destreza y habilidad, no sólo en el manejo de las herramientas, sino también en el conocimiento sobre las maderas naturales y sus cuidados. Existen diferentes maderas para variados tipos de trabajos.

En este breve cuadro vamos a detallar las más conocidas y usadas.

Tipos de madera

VIRARÓ

Su característica principal es que es una madera dura, usada principalmente para la construcción de pisos.

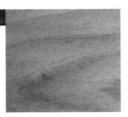

CEDRO

Es una madera semidura, muy usada en la construcción de muebles y en construcciones navales. Es apta tanto para interior como para exterior.

EUCALIPTO

Es una madera blanda y liviana. Usada en la construcción para trabajos de tirantería, techos y encofrados.

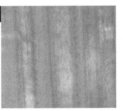

GUATAMBÚ

Es una madera dura y pesada, que en bloques macizos sirve tanto para interior como para exterior.

NOGAL

Es semidura y semipesada. Se usa para aberturas macizas en general y en mueblería.

PARAÍSO

Es una madera blanda y liviana. Muy usada en la construcción de muebles, principalmente armarios.

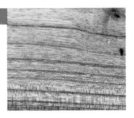

PETERIBÍ

Es semidura, se usa en la construcción de aberturas y es apta para el exterior. También es utilizada por los ebanistas.

PINO

Es una madera blanda y liviana de color claro, usada en la construcción de muebles.

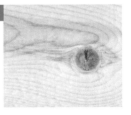

QUEBRACHO

Es muy dura y pesada. Su uso en la construcción se ve en cimientos, también es apta para pisos, y se puede usar esta madera tanto en interior como en exterior.

ROBLE

Madera dura y muy resistente. Muy usada en la fabricación de muebles.

Cómo mantener las maderas en buen estado

Para contestarnos esta pregunta primero debemos saber qué cosas afectan a las maderas, ya sea en muebles, objetos de decoración, pisos, tirantería, etc.

Las principales causas del deterioro en la madera son los hongos que viven sobre la madera (lignícolas) y los insectos que se nutren de ella (xilófagos). En la mayoría de los casos, los insectos depositan sus huevos en la corteza y en pequeñas grietas de la madera. Luego las larvas, que se alimentan de almidón y celulosa principalmente, forman pequeños túneles.

Una vez que estos insectos atacaron la madera, es muy difícil resolverlo, por lo que es tan importante el proceso preventivo de tratar las maderas antes de que sean afectadas por estos insectos u hongos. Normalmente, y sobre todo en tiranterías para la construcción de viviendas, las piezas ya vienen tratadas desde el aserradero, que identifican las piezas pintándolas en sus extremos con algún color, que generalmente es de un tono verdoso.

Es importante que este proceso se haga por inmersión para que el producto se impregne bien por toda la pieza, ya que si se realiza este trabajo a pincel, el resultado no será optimo como en el proceso anterior.

Herramientas

Descripción y usos

Contar con un amplio surtido de herramientas manuales y eléctricas nos permitirá realizar un gran número de arreglos y trabajos. Saber cómo y dónde se usa y cuál es su mantenimiento, servirá para trabajar con más seguridad y también prolongar la vida útil de cada herramienta.

Hoy encontramos en el mercado herramientas portátiles muy seguras y eficientes para cualquier trabajo de carpintería. A continuación se detallan los nombres de cada herramienta con una breve descripción de su uso.

Banco de carpintero: superficie preparada para facilitar los trabajos del carpintero, como el cepillado, lijado, corte, etc. Es el elemento más utilizado en el gremio, actualmente se utiliza mucho en la decoración de ambientes.

Barrena: esta herramienta es muy útil cuando se trata de marcar una pieza para introducir un tornillo, como por ejemplo la contrachapa, que va normalmente detrás de los muebles. Tiene forma de T, y su punta metálica está labrada para facilitar de esta forma la introducción del tornillo.

Berbiquí o taladro de mano: esta herramienta ha caído en desuso ya que también puede reemplazarse por el taladro eléctrico, al igual que éste tiene un mandril en su extremo donde se coloca la mecha.

Botador: esta herramienta está construida en metal y termina en forma de punta para introducir las cabezas de los clavos en la madera y que no se vean. Se utiliza colocando el botador con la punta más fina hacia abajo y en la parte superior de la herramienta se golpea con el martillo. La punta del botador debe ser más chica que las del clavo o punta, para que no quede marca en la madera.

Broca o mecha: esta pieza es un accesorio para los taladros, ya sean manuales o eléctricos. Es una barra metálica de punta afilada con una o más aristas cortantes y ranuras helicoidales para poder expulsar las virutas. Tiene gran capacidad de penetración. También están las mechas planas o mechas paleta, que sirven para hacer agujeros más grandes.

Avellanadora: es otro tipo de broca que se utiliza para ensanchar bocas de orificios para embutir tornillos.

Escofina: es una lima metálica, muy usada en el desbaste de la madera, como en cantos o interiores de orificios. Viene en distintas medidas y formatos.

Plana paralela: planas por sus caras, con el canto de la segunda paralelo.

Media caña: para superficies cóncavas y convexas.

Redonda o cilíndrica: para trabajos en superficies circulares.

Lima de punta: estrecha y fina, para trabajos con detalles.

Caja a ingletes: es una pieza de madera o plástico; también se la puede encontrar en metal, que sirve para realizar cortes con ángulos determinados, obteniéndose de esta forma uniones de gran precisión.

Prensas: es una pieza de hierro en forma de U, con un tornillo mariposa en su extremo para poder prensar el material.

Cárcel o sargento: a diferencia de las prensas, sus dimensiones son mayores. En el mercado podemos encontrar diferentes formas y tamaños.

Cepillo eléctrico o manual: herramienta de carpintería para alisar y rebajar la madera mediante el arranque de virutas con una cuchilla de profundidad de corte regulable. Realiza acabados de buena calidad, levanta finas capas de madera y deja las superficies lisas y brillantes. Los cepillos manuales pueden tener su cuerpo en madera o metal, y por su base asoma una cuchilla metálica muy afilada, que puede regularse según la necesidad del trabajo.

Garlopa: a diferencia de la anterior, ésta es más larga y posee una manija para un mejor agarre y desplazamiento de la herramienta.

Formón: esta herramienta está realizada con una planchuela de acero, uno de sus extremos está biselado y afilado; se usa para realizar cortes.

Escoplo: es un formón más grande, que al igual que el anterior se usa para cortes en sentido contrario a las fibras de la madera. También se usa para hacer muescas o rebajes en la madera; es especial para trabajos pesados.

Escuadra: pieza generalmente metálica que forma un ángulo recto, o con pieza móvil que permite tomar o marcar los ángulos no rectos, según el tipo. Esta herramienta es muy útil para el control en el armado de objetos, como la comprobación de cantos y ángulos rectos.

Gramil: herramienta que se utiliza para el trazado de líneas paralelas, en tablas, listones, etc.

Gubia: otra herramienta cortante, parecida al formón, y con mango, que se utiliza para ahuecar. La hoja es de sección acanalada. Con esta herramienta se pueden hacer rebajes cóncavos, labrado y acanalado.

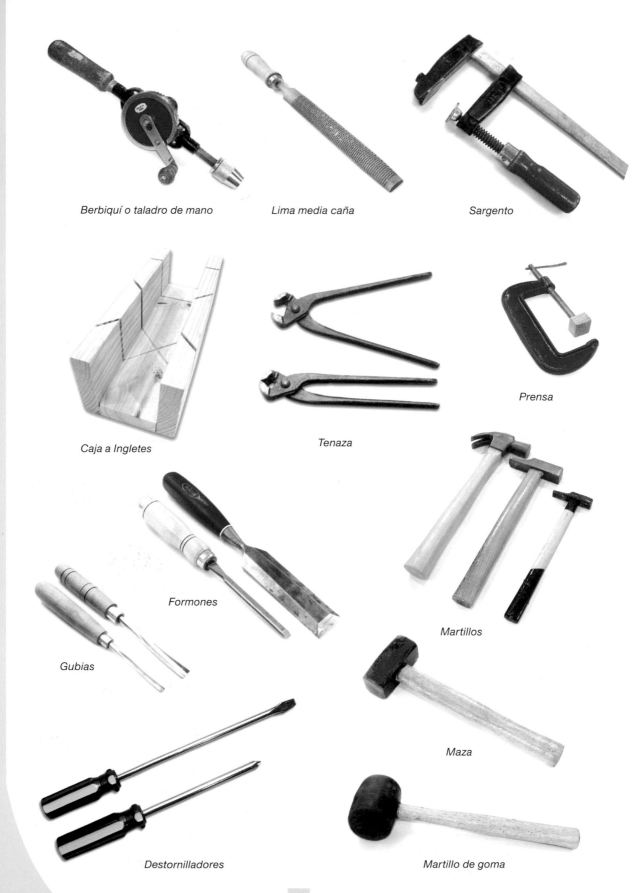

Berbiquí o taladro de mano

Lima media caña

Sargento

Caja a Ingletes

Tenaza

Prensa

Formones

Martillos

Gubias

Maza

Destornilladores

Martillo de goma

Sierra de calar

Cepillo eléctrico y manual

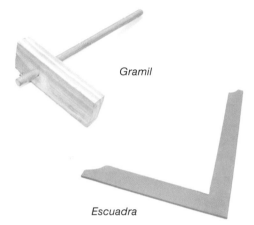

Gramil

Escuadra

Sierra circular

Serrucho manual

Sierra de costilla

Lijadora orbital

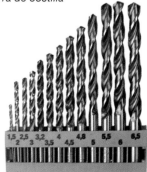

Brocas

Taladro eléctrico

Tenaza: herramienta metálica con dos piezas que forman una pinza. Por la palanca que ejerce su brazo resulta una herramienta muy útil para sujetar piezas, cortar alambre y extraer clavos.

Destornillador: es conveniente tener varios modelos y tamaños; los más comunes son los de punta plana y los de punta estriada. Sirven para ajustar o aflojar los tornillos.

Martillo: prisma de hierro con una punta plana para golpear, y la otra achatada con una abertura en el medio, que se utiliza para retirar clavos. En el agujero se introduce la cabeza del clavo y haciendo palanca se arranca con cierta facilidad. Para no lastimar la madera, es conveniente realizar movimientos suaves hacia un lado y hacia el otro hasta lograr aflojarlo, se puede usar la tenaza para terminar de extraer el clavo.

Maza o maseta: es igual al martillo, pero está realizada totalmente en madera, tanto el mango como la cabeza. Se utiliza para golpear piezas de madera en la etapa de ensamblaje o en el uso de las gubias o formones, para no dañar estas herramientas.

Sierra o serrucho manual: herramienta con mango y cuchilla dentada de acero que se utiliza para corte de maderas, caucho, etc. A mayor número de dientes por centímetro, más fino será el corte aunque se tardará más en realizarlo.

Sierra de costilla: para cortes de precisión, sierra de dientes finos y hoja rectangular con refuerzo en el lomo, lo que le da una mayor rigidez; utilizada principalmente con la caja de ingletar.

Sierra de calar o vaivén: máquina eléctrica a la que se le acoplan sierras de distinto calibre según los cortes que se necesiten realizar. Para cortes curvos o rectos en todo tipo de madera y materiales.

Sierra circular: herramienta eléctrica con hoja redonda de bordes cortantes y motor propio. Se utiliza para cortar tableros, maderas, plásticos; permite variar la profundidad e inclinación del corte.

Lijadora de banda: herramienta eléctrica que sirve para lijar madera. Su nombre deriva del tipo de mecanismo con el que funciona. A esta herramienta se le agrega una "lija en banda" que es accionada (gira) por dos poleas.

Lijadora orbital: al igual que la anterior es eléctrica, pero funciona por vibración, moviéndose de un lado al otro a gran velocidad.

Taladro: herramienta eléctrica cuya función principal es hacer agujeros en distintos tipos de soportes: madera, metal, mampostería. Agregándole diferentes accesorios se puede utilizar para un sinfín de tareas más, como lustrar, lijar, cortar, etc.

Mantenimiento

Para hablar sobre el mantenimiento de las herramientas vamos a dividirlas en dos grandes grupos: por un lado las herramientas manuales y por el otro las eléctricas.

> **Como regla general para ambos grupos, es importante cada vez que se terminen de usar, hacerles una buena limpieza y guardarlas en el lugar indicado.**

Dentro del grupo de las herramientas manuales hay una gran cantidad que tienen filo o punta, y es importante cuidar esta terminación para su durabilidad en el tiempo. Los dos ejemplos más comunes son los destornilladores y las herramientas de corte.

A los destornilladores es importante darles el uso para el que fueron creados, de esta forma no se arruinarán sus puntas y podrán ser usados en más de un proyecto.

Las herramientas de corte podemos a su vez dividirlas en dos subgrupos: por un lado, las que tienen filo y por el otro, las que tienen dientes. Las herramientas de filo cada tanto deben ser afiladas. En este caso, si no se posee la herramienta adecuada para esta tarea, es decir una piedra para afilar, lo más acertado es llevarla a un lugar especializado para tal fin.

A las herramientas de corte, como el serrucho, la sierra y cualquier variedad que tenga dientes, es importante no dejarlas que se oxiden; esto no ocurrirá si se mantienen limpias y en el lugar adecuado mientras no se usan.

Si por cualquier motivo se encuentra en su taller una herramienta oxidada, en primer lugar debe lijarla con una lija de grano fino y luego aplicarle algún lubricante en aerosol.

En cuanto a las herramientas eléctricas, además de mantenerlas lo más limpias que se pueda, debe tenerse especial cuidado con la conexión eléctrica; cada tanto conviene verificar que tanto el cable como el enchufe estén en condiciones.

Todos los accesorios de las máquinas eléctricas también deben mantenerse en buen estado, ya que si usamos un accesorio en mal estado podemos dañar la herramienta, y luego será más caro el arreglo de la máquina que haber comprado el nuevo accesorio.

 Para usar el serrucho y que no se trabe en la madera antes de comenzar el corte, puede pasarle un poco de jabón blanco en los dientes; lo mantendrá lubricado y se deslizará más fácilmente.

La seguridad al trabajar

Mejor prevenir que curar. Qué debemos tener en cuenta para la seguridad en nuestro espacio de trabajo.

Un accidente es un suceso imprevisto que altera el orden regular de las cosas y provoca un daño o desgracia.

Aquí les dejo una guía simple a tener en cuenta para evitar accidentes:

⚠	Atarse el cabello.
⚠	Sacarse cadenas, relojes, anillos, y cualquier otro objeto que pudiera engancharse en las herramientas.
⚠	Usar ropa de trabajo adecuada, al igual que el calzado.
⚠	Mantener la zona de trabajo despejada.
⚠	Usar antiparras, barbijo y guantes.
⚠	Nunca dejar las herramientas enchufadas si no las están usando; igual recomendación vale cuando cambie los accesorios.
⚠	Planificar el trabajo con una lista de tareas, con las herramientas y materiales que necesita para cada caso. Esto evitará pérdida de tiempo innecesario y desconcentración en la actividad emprendida.

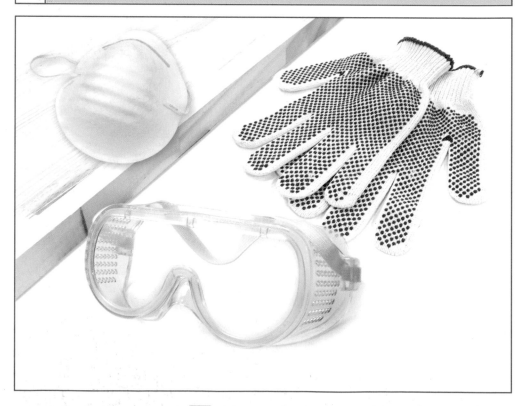

Proyectos
y soluciones

Tipos y formas de ensamblaje

Saber cómo unir dos pedazos de madera será de utilidad para una variedad de trabajos, se trate de arreglos o reparaciones, o comenzar un trabajo desde el principio.

Los artesanos de la carpintería han inventado más de un método para unir dos pedazos de madera. Algunos puntos que habrá que considerar en todos los casos son:

1 Antes de encolar, clavar o atornillar las piezas, siempre verifique que su encastre sea perfecto.

2 Siempre que realice un corte, lije cuidadosamente para eliminar astillas y detalles.

3 Cuando tome medidas para realizar un corte, tenga en cuenta el ancho del surco de corte de la herramienta que va a utilizar.

A continuación vamos a mencionar sólo algunos de los tantos tipos de ensamblajes, hemos seleccionado los más simples y utilizados:

Entarugado

Este tipo de uniones podemos encontrarlo en pisos y armado de muebles pequeños. Las clavijas de madera son un antiguo procedimiento de unión, y hoy en día una de las más usadas. Las clavijas son de madera y vienen en diferentes diámetros, son estriadas para facilitar que el exceso de cola pueda desplazarse, y permitir que el tarugo entre en toda la profundidad del agujero realizado.

MATERIALES

- TALADRO
- MECHA PARA MADERA (DEL MISMO DIÁMETRO QUE EL TARUGO)
- TARUGOS
- COLA DE CARPINTERO
- MARTILLO
- ESCUADRA
- PRENSA

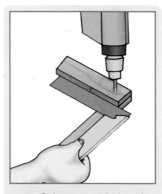

1 Colocar una de las piezas haciendo ángulo a 90 grados con la otra. Con un taladro y una mecha para madera del mismo diámetro que el tarugo, realizar la perforación manteniendo las piezas en perfecto ángulo.

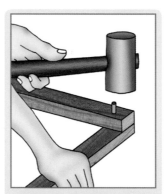

2 Luego encolar dentro de los agujeros y por el canto de una de las piezas, colocar los tarugos y encastrar con la ayuda del martillo.

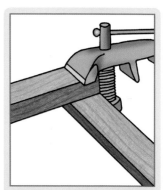

3 Mantener las piezas bien apretadas con la ayuda de alguna prensa durante 24 hs.

Uniones con escuadras, planchuelas metálicas y tacos

Este tipo de uniones es común verlo en muebles sin mucha estructura como puede ser una estantería simple, donde cumple dos funciones básicas: por un lado unir las piezas y por el otro mantener el ángulo de la unión.

Una alternativa práctica, sobre todo si no contamos con todas las herramientas del carpintero especializado, es hacer uso de escuadras metálicas con ángulos rectos, en forma de T, en forma de triángulos o rectángulos.

Hay una variedad muy grande en lo que a accesorios se refiere para unir dos maderas. La unión de este tipo de piezas se realiza mediante tornillos, y en algunos casos también se pueden clavar. El tipo de unión es bastante resistente, pero en algunos casos se hace imposible poder ocultar dicha unión.

1 Colocar una de las piezas haciendo ángulo a 90 grados con la otra. Presentar la escuadra en el ángulo y con el lápiz marcar donde irán los tornillos.

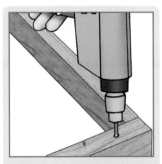

2 Con un taladro y una mecha para madera hacer un agujero guía donde irá el tornillo, para facilitar su colocación posterior.

3 Luego encolar por el canto de una de las piezas, y el encuentro de la otra para asegurar una unión más sólida.

MATERIALES

- TALADRO
- MECHA PARA MADERA
- TORNILLOS
- COLA DE CARPINTERO
- DESTORNILLADOR
- LÁPIZ
- ESCUADRA

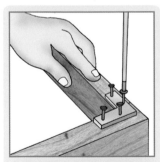

4 Colocar la escuadra y atornillar. Primero presentar todos los tornillos enroscándolos sólo un par de vueltas, una vez todos colocados terminar de ajustar.

Otra opción es usar tacos cuadrados o en forma de triángulo en los ángulos de la unión que se desee hacer, siempre verificando que el ángulo a encolar sea el mismo de la unión. El proceso de ensamblaje en este caso es bastante sencillo, ya que sólo se trata de encolar y clavar ambas piezas.

Consejo ✓

Es importante usar una mecha más chica que la medida del tornillo, ya que este agujero sólo servirá de guía.

Juntas solapadas

Se denomina "junta solapada" a la unión de dos piezas de madera sobrepuestas, una encima de la otra. La unión de las dos maderas queda a un mismo nivel.

De todos los ensambles es el menos estable, por lo que requiere un buen encolado para que la unión tenga cierta solidez. La ventaja de este tipo de unión es que ambas piezas quedan como si fuera una; y se pueden encontrar estas uniones, por ejemplo, en detalles de armado de muebles.

MATERIALES

- GRAMIL
- SERRUCHO DE COSTILLA
- ESCUADRA
- LIJA
- COLA DE CARPINTERO
- FORMÓN
- LÁPIZ DE CARPINTERO

1 Presentar una pieza sobre la otra, en el sector donde se desea realizar la unión.

2 Con el lápiz de carpintero marcar el contorno de una de las piezas, sobre todo si la unión no se realiza en una esquina.

3 Con el gramil marcar ambas piezas por el sector donde se realizará el encastre.

4 Con el serrucho de costilla, practicar primero un corte en ángulo comenzando por una de las esquinas, luego un corte en ángulo recto comenzando por la base de la tabla.

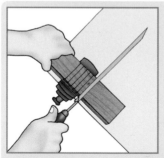

5 Con el mismo serrucho practicar el corte por la marca transversal de la otra tabla y luego con el formón terminar de retirar.

6 Unir y verificar que ambas piezas encajen correctamente para poder encolar y atornillar, enclavijar o clavar ambas piezas.

✓ Consejo

Siempre tenga en cuenta que los cortes deben hacerse hasta la mitad de la sección de la madera en cuestión.

Si el encastre en una de las piezas es en algún sector que no fuera uno de los extremos, utilizar el serrucho de costilla, practicar primero dos cortes correspondientes a las marcas del lápiz y luego varios más en el interior de los dos primeros. Con la ayuda del formón retirar el excedente.

Unión de caja y espiga

Es frecuente encontrar este tipo de uniones en sillas y mesas. Su característica es lograr una unión fuerte en secciones angostas.

1 Marcar el ancho de la caja superponiendo la tabla donde se realizará la espiga.

2 Luego con el ancho de la caja ya marcado, volver a marcar en el sector donde se introducirá la espiga.

3 Con la ayuda del gramil, marcar el espesor de la espiga en la madera que corresponda.

MATERIALES

- LÁPIZ DE CARPINTERO
- GRAMIL
- SERRUCHO DE COSTILLA
- FORMÓN
- MAZA DE MADERA
- LIJA
- COLA DE CARPINTERO

4 Con el serrucho de costilla, cortar y retirar las partes marcadas.

5 Con el formón y la maza de madera comenzar a retirar la madera sobrante para realizar la caja del encastre de la espiga.

6 Lijar, presentar las piezas para verificar su encastre, y proceder a encolar, clavar, enclavijar o atornillar según corresponda.

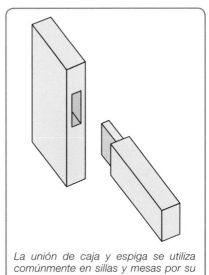

La unión de caja y espiga se utiliza comúnmente en sillas y mesas por su resistencia.

Unión a inglete

Este tipo de unión se realiza con la caja para ingletar. Esta herramienta se utiliza en todas aquellas uniones donde hay ángulos. Los ejemplos más claros son los marcos, también podemos mencionar los zócalos o las molduras. En todos estos casos, el uso de esta herramienta es indispensable para que el encuentro en las esquinas sea una unión prolija.

MATERIALES

- CAJA PARA INGLETAR
- SERRUCHO DE COSTILLA
- LÁPIZ PARA MARCAR

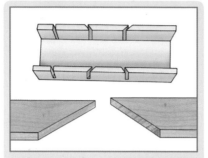

1 En primer lugar se debe tener en cuenta qué tipo de ángulo se necesita cortar: si es interno (hacia adentro), o si es externo (hacia fuera).

Corte de madera realizado con la caja para ingletar

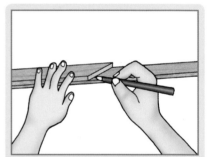

2 Colocar la varilla, ya sea zócalo o moldura y ubicarlo en la caja según corresponda, siempre teniendo en cuenta que en el otro corte, para formar el ángulo, se debe usar el lado opuesto.

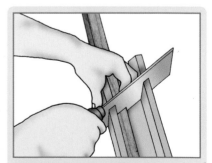

3 Con una mano sujetar bien la varilla y con el serrucho de costilla realizar el corte, cuidando de no deslizar la pieza hasta finalizar el trabajo, como se observa en el dibujo.

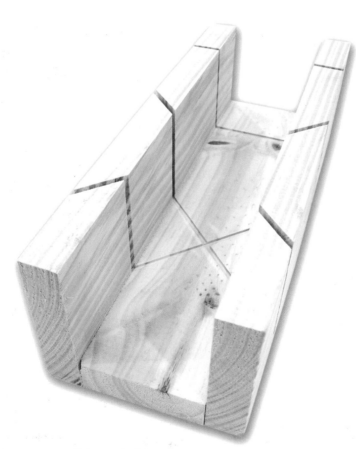

Caja para ingletar

Terminaciones

Una vez finalizado todo el proceso de corte y ensamblaje de nuestra pieza, sólo nos queda pensar en qué tipo de terminación le vamos a dar.

Las terminaciones pueden ser desde la cera, pasando por la pintura, el barniz, o aplicándole un enchapado natural o fórmica.

Teñir la madera

Para este proceso hay varias opciones.

Algunas de ellas son, por ejemplo, las anilinas, que se pueden mezclar con un medio líquido como la goma laca; los barnices al agua sumamente prácticos, ya que vienen en una amplia gama de colores ya preparados; tintas para maderas, para acentuar el color natural o darle un tono diferente; los barnices sintéticos; o los protectores para madera.

Cuando hablamos de teñir la madera, nos referimos a teñir maderas o enchapados naturales. Quedan muy vistosos ya que resaltan las vetas naturales de la madera. Como valor agregado puede darle algún color, que de otra manera sería imposible de lograr.

Trabajar con goma laca

Trabajar con goma laca es un proceso lento, pero su resultado es excelente, porque sólo deja un capa sumamente fina, y al ser una capa fina, sus reparaciones son sencillas y fáciles de realizar. La goma laca es producida por un insecto, Lacifer Laca, y es la única resina animal conocida. Su presentación es en forma de escamas, se diluye en alcohol y se consigue tanto en ferreterías como en pinturerías artísticas.

La preparación se debe realizar de la siguiente manera: por cada 100 gramos de goma laca en escamas, hay que agregarle 500 centímetros cúbicos de alcohol en un frasco de vidrio bien tapado. Los frascos de mermelada o de café de vidrio son ideales para la preparación de la goma laca. Dejar esta preparación al menos 24 horas antes de ser usada. La goma laca puede ser usada en forma natural o agregarle anilina para darle color.

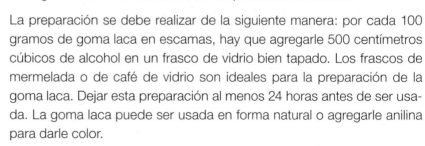

✓ Consejo

Antes de usar la goma laca disuelta en alcohol, revuelva y agite muy bien el envase cerrado.

Para la aplicación de la goma laca:

Se puede aplicar con pincel o muñeca, y debe tener en cuenta que al estar preparada con alcohol seca sumamente rápido. Si es la primera vez que va a trabajar con la goma laca, es conveniente que primero haga unas pruebas en un pedazo de madera, para saber como le va a quedar y los movimientos que debe realizar, ya que principalmente el secreto está en el movimiento que realice con la mano.

Enchapados

Después de cierto tiempo de uso, y generalmente en las cocinas, es habitual ver que el enchapado de fórmica comienza a desprenderse. En este punto podemos ver que hay distintos daños y formas de encarar los arreglos.

Diferentes tipos de enchapado

Hay una gran variedad de enchapados para darle una terminación a nuestro trabajo, sobre todo cuando se trata de superficies lisas, como mesas, escritorios, frentes de muebles de cocina o baño, y estanterías en general.

A la hora de elegir este tipo de revestimiento, se debe tener en cuenta cuál va a ser su uso final. Por ejemplo, en una cocina es muy práctico colocar melamina ya que es un revestimiento muy fácil a la hora de limpiar. Si se trata de un escritorio o una estantería, hay enchapados en madera natural, que dan la sensación de que el mueble está realizado en esa madera en forma maciza.

Hay casos en los que es necesario realizar el trabajo en ambas caras de la tabla, como cuando se trata de enchapar estantes.

Para los cantos se usan cintas del espesor deseado, que generalmente ya vienen con el pegamento en la parte de atrás. En estos casos se adhiere el tapacanto con la ayuda de una plancha tibia.

Apoyar el tapacanto en el borde y colocar la plancha tibia moviendo de un lado a otro hasta que el pegamento se ablande y se adhiera al borde. Entre la plancha y el tapacanto es conveniente colocar un trapo para evitar que un exceso de calor queme el revestimiento.

Es normal que siempre quede un pequeño excedente, que se va a retirar con una lima o escofina, apoyando la herramienta a 45° y desplazando la misma por todo el perímetro del canto.

Enchapados melamínicos en imitación madera.

Enchapados melamínicos en colores lisos.

Tapacantos varios colores.

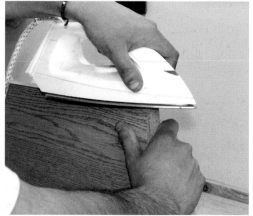

Enchapado despegado

Cuando el enchapado recién comienza a despegarse, el arreglo es muy sencillo y los pasos a seguir son los siguientes:

MATERIALES

- LIJA MEDIANA
- CEMENTO DE DOBLE CONTACTO
- ESPÁTULA
- PRENSAS

1 Levantar el enchapado con la ayuda de la espátula hasta verificar que la cola está firme.

2 Hacer una limpieza de la zona con una lija mediana en ambas caras de contacto.

3 Aplicar cemento de contacto en ambas superficies. Dejar orear 10 minutos y luego juntar ambas superficies.

4 Utilizar una tabla entre la superficie reparada y las prensas para ejercer presión pareja por todo el sector y asegurar bien la unión de la superficie reparada, como mínimo por 24 horas.

Enchapado faltante

Cuando lo que falta es un pedazo de enchapado, hay dos opciones: volver a enchapar toda la superficie o reemplazar el pedazo faltante.

Si la superficie donde está colocado el enchapado no es muy grande, es mejor hacer todo el trabajo de nuevo de la siguiente forma.

MATERIALES

- ESPÁTULA
- LIJA MEDIANA
- ENCHAPADO A REEMPLAZAR
- CEMENTO DE DOBLE CONTACTO
- LIMA
- PRENSAS

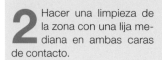

Enchapado de toda la superficie

1 Retirar el viejo enchapado con la ayuda de una espátula.

2 Lijar bien toda la superficie hasta notar que está perfectamente lisa.

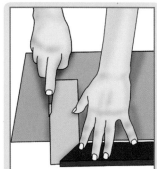

3 Cortar el nuevo enchapado dejando algunos centímetros extras en todo el perímetro.

4 En ambas superficies colocar cemento de contacto, dejar orear y luego colocar el enchapado sobre la superficie preparada con el cemento de contacto ya oreado.

5 Colocar prensas para asegurar que el enchapado no se levante y adhiera perfectamente. Dejar secar 24 horas y luego retirar las prensas.

6 Con una lima de tramado fino pasar por todo el perímetro donde se dejo el excedente de material, apoyándola desde uno de los extremos e ir limando siempre hacia abajo para no astillar ni levantar el enchapado adherido.

Consejo ✓

Para realizar el despegado de la fórmica se puede usar pistola de aire caliente o plancha. Para esta última opción es conveniente colocar un trapo entre la superficie a despegar y la plancha.

Reemplazo del pedazo faltante

Otra opción para este mismo problema es realizar un parche en el sector faltante. Esto se realiza en lugares donde el faltante no es muy visible y tenemos algo de material.

MATERIALES

- ESCUADRA
- TRINCHETA
- ESPÁTULA
- LIJA MEDIANA
- ENCHAPADO
- CEMENTO DE CONTACTO
- PRENSA

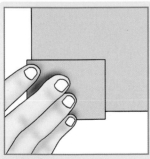

1 Con la escuadra de carpintero delimitar la zona dañada y marcarla muy bien con una trincheta.

2 Retirar los pedazos aún pegados con la espátula, cuidando de no romper el enchapado que no reemplazará.

3 Lijar la zona, retirando restos de pegamento y cualquier astilla que hubiera quedado adherida.

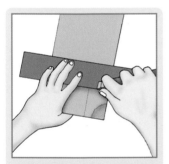

4 Colocar un nuevo pedazo de enchapado y verificar que éste sea un poco más grande que la zona que se va a reparar.

5 Colocar cemento de contacto en ambas superficies, distribuirlo con la espátula dentada, dejar orear, pegar la pieza en el faltante y colocar la prensa para mantener presión en la zona.

6 Una vez que el cemento haya secado, con una regla y una trincheta, cortar firmemente y sin sacar la regla, retirar el sobrante. Proceder de la misma forma en el resto de los laterales.

Consejo ✓

Para evitar que se peguen zonas no deseadas, primero colocar el cemento en la superficie que se va a reparar, y luego apoyar la pieza nueva para que copie el sector donde se colocara el pegamento. Volver a colocar pegamento, dejar orear y juntar ambas caras.

Enchapados naturales

Cuando se trata de enchapados naturales, la técnica de aplicación es básicamente la misma que la que se usa con la melamina o fórmica, salvo por la forma de trabajar en las uniones. Esto sucede porque las medidas que se venden en el mercado son bastante más chicas que las que encontramos en los otros tipos de enchapados.

Para este tipo de enchapados se debe proceder de la siguiente forma:

MATERIALES

- ENCHAPADO NATURAL
- CEMENTO DE DOBLE CONTACTO
- ESPÁTULA
- LIJA FINA
- TRINCHETA

1 Superponer unos milímetros el enchapado que va a ser pegado al que ya está adherido, siempre con cemento de contacto, según lo explicado anteriormente.

2 Una vez seco, con una lija fina y siempre en sentido de la veta, lijar hasta que la unión desaparezca.

3 El último paso será darle la terminación elegida según el gusto personal de cada uno. Algunas opciones para tener en cuenta son encerar, teñir o barnizar.

Para los enchapados naturales se debe tener en cuenta lo siguiente:

 Siempre cortar con trincheta con el filo en buen estado.

 Cuando tenga que unir dos pedazos de enchapado montar uno sobre otro unos milímetros. Una vez seco, lijar con lija extra fina hasta emparejar, siempre en sentido de la veta.

 Proteger siempre las terminaciones de los enchapados naturales, con cera o algún tipo de protector para maderas.

El enchapado natural es una hoja de madera cuyo espesor oscila entre 1 y 2 mm.

Cajones que no cierran bien

Es normal encontrar en nuestra casa cajones que no funcionan correctamente, difíciles abrir y cerrar.

Esto normalmente sucede porque la madera se hincha con la humedad, y no necesariamente en zonas con problemas de este tipo: la misma humedad ambiente ayuda a que la madera se hinche. También puede ocurrir que las guías por las que se desplaza el cajón se hayan roto, o se hayan salido de su lugar y esto también dificulta su manejo.

Cajón hinchado 1

Si el problema es detectado apenas comienza, debe probar la siguiente receta:

Materiales y herramientas: cera en pasta, cantidad necesaria, trapos varios.

1 Pasar por los laterales del cajón un poco de cera en pasta y colocar nuevamente el cajón en su lugar.

2 Luego abrirlo y cerrarlo varias veces hasta notar un desplazamiento más suave.

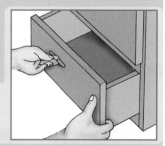

Cajón hinchado 2

Si el problema es un poco más grave, deberá hacer lo siguiente:

Materiales y herramientas: lijas gruesa y fina, cera en pasta, trapos varios.

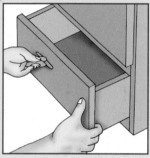

1 Retirar el cajón y pasar una lija gruesa por donde se detecta el problema.

2 Luego pasar una lija fina para suavizar la zona y finalmente pasar la cera en pasta.

3 Colocar el cajón y abrirlo y cerrarlo varias veces.

Cajón hinchado 3

Si las dos soluciones anteriores no funcionan los pasos a seguir son los siguientes:

Materiales y herramientas: escofina, lijas mediana y fina, cera, trapos varios.

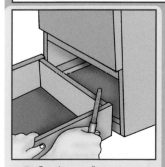

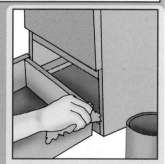

1 Con la escofina comenzar a desbastar la zona donde se hinchó la madera por efectos de la humedad.

2 Una vez verificado el paso anterior, pasar una lija mediana y luego una fina para la terminación.

3 Por último, pasar la cera en pasta para un mejor desplazamiento e ir probando si el cajón corre libremente.

Consejo ✓

A medida que avanza con el trabajo, es importante ir probando que el cajón entre y se deslice correctamente por las corredoras.

Las guías se salieron

Puede suceder que el cajón entre y salga correctamente, pero se caiga y no quede firme en su posición. Esto sucede porque alguna de las dos guías se salió de su posición. Para este trabajo necesita seguir los siguientes pasos:

MATERIALES

- LISTÓN A REEMPLAZAR
- CLAVOS SIN CABEZA
- MARTILLO
- COLA DE CARPINTERO
- LÁPIZ DE CARPINTERO
- NIVEL DE BURBUJA
- LIJAS
- PINCEL

1 Retirar el cajón y verificar cuál de las dos guías necesita ser reparada.

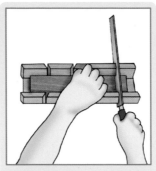

2 Retirar la guía y cortar un listón del mismo tamaño.

3 Lijar la zona donde se ubicará la nueva guía.

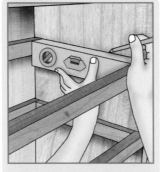

4 Marcar con un lápiz de carpintero y un nivel el lugar de la guía.

5 Presentar el listón para verificar. Una vez realizado esto, colocar cola de carpintero por la cara donde hará contacto el listón.

✓ Consejo

Las varillas de madera que se utilizan para que se deslicen los cajones comúnmente son de pino, una madera que con el tiempo se va deteriorando, por eso es conveniente que se cambien por listones de madera dura como: virapitá, guatambú, etc.

6 Colocar y clavar con clavos sin cabeza. Antes de colocar el cajón es conveniente dejar que la cola seque.

Flejes para elásticos de camas

Al dormir, no hay nada más incómodo que uno de los flejes de la cama esté roto. Su reemplazo es muy sencillo, y con este trabajo tan simple nos garantizamos un verdadero descanso.

Por lo general las varillas de madera de los elásticos de cama son de maderas de baja calidad, las cuales al poco tiempo de uso se van rompiendo. Para impedir esto, lo más conveniente es colocar listones de madera en forma transversal de 4 x 4 cm por el ancho de la cama, para que el elástico se apoye en mayor cantidad de listones.

Estos listones deberán estar apoyados en tacos en forma de "U" que impedirán su movimiento.

Una madera buena para remplazar los flejes rotos es el palo blanco, que se venden en los comercios en dos medidas: 2" x ½" x 1,90 m. y 3" x ½ " x 1,90 m.

Las (") significan pulgadas y equivalen a: 2" = 4,5 cm y 3" = 7 cm.

Cambio de fleje

Si no tuvo la precaución de agregarle los tirantes y algún fleje ya se rompió, la forma de reemplazarlo es la siguiente:

1 Desatornillar todos los tornillos que sujetan el fleje roto y retirarlo.

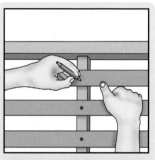

2 Presentar y marcar donde irán los tornillos del nuevo fleje.

3 Hacer los agujeros con la mecha y el taladro.

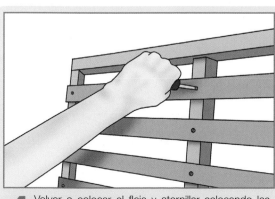

4 Volver a colocar el fleje y atornillar colocando las arandelas en el tornillo.

Cambio de cintas en persianas

El reemplazo de la cinta de la persiana, es un trabajo que debe hacerse con cierta frecuencia debido a su desgaste natural.

Si la cinta de nuestra persiana se encuentra en mal estado o se cortó, el procedimiento para reemplazarla es muy sencillo.

MATERIALES

- PINZA DE PUNTA
- MARTILLO
- CLAVOS
- CINTA PARA PERSIANA, CANTIDAD NECESARIA

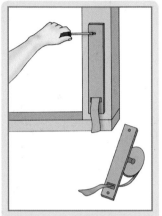

1 La persiana debe estar totalmente baja. Destornillar la tapa que cubre el sistema que enrosca la cinta. Destornillarlo de la caja de madera donde se encuentra amurado y sacarlo de la cavidad.

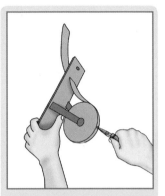

2 Sacar la cinta rota que se encuentre enroscada en el sistema. Luego, retirar la tuerca que sujeta esa cinta al mecanismo con la pinza de punta.

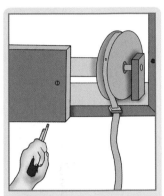

3 Ahora en la parte superior del mecanismo, abrir o sacar el taparollos. Ahí se encuentra una rueda bastante más grande que la anterior. La cinta está sujeta con clavos al centro de dicha rueda. Si no puede sacar los clavos para extraer el otro pedazo de cinta rota, lo que puede hacer es cortarla bien al ras y colocar la nueva sobre ésta.

4 Para la colocación de la nueva cinta, comenzar por la parte superior, tomar uno de los extremos de la cinta, que doblará una o dos veces, y luego sujetarla al centro de la rueda con varios clavos, hundiéndolos sólo hasta las ¾ partes. Luego con el mismo martillo, doblar el clavo para una mejor sujeción de la cinta.

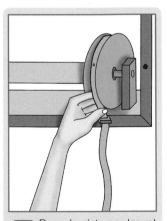

5 Pasar la cinta por las roldanas de la parte superior hasta abajo, para poder tomar una medida más exacta dejando un poco de excedente. Contando desde la parte inferior de la ventana, más unos 20 cms, cortar lo que sobre.

✔ Consejo

¿Cómo saber qué cantidad de cinta necesita?

Pues es muy fácil el cálculo: se toma tres veces la altura de la ventana, y ése será el largo de la cinta que necesita comprar.

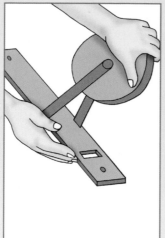

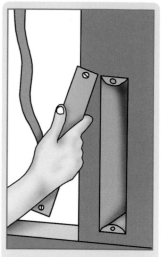

6 Tomar el mecanismo que enrolla la cinta en la parte interior. Pasar el otro extremo por la rendija de la tapa primero, y luego por entre los pestillos que actuarán de freno cuando la cortina está arriba. Una vez hecho esto, comenzar a roscar la roseta hacia atrás hasta que el mecanismo trabe, sin forzarlo, teniendo mucho cuidado de no soltarlo ya que podría lastimarse. Sujetar el extremo de la cinta al tornillo de la roseta y ajustar con la tuerca para asegurar que no se zafe. Luego ir soltando poco a poco hasta que tense la cinta.

7 Con mucho cuidado colocar el mecanismo en la caja de madera y poner los dos tornillos para sujetarlo. Una vez que se presenten ambos tornillos, comenzar a atornillar, siempre sosteniendo con una mano el mecanismo para que no se salga de la caja.

Cubos multifunción

Estos cubos, solos o combinados, ofrecen una opción divertida a la hora de tener una habitación ordenada.

Según la cantidad que realice, le puede dar un sinfín de aplicaciones, como mesas de luz, mesa ratona, biblioteca, estantería, etc.

MATERIALES

- 4 TABLAS CUADRADAS DE MDF DE 35 CM POR LADO Y DE 2 CM DE ESPESOR
- 12 TORNILLOS AUTOPERFORANTES
- COLA DE CARPINTERO
- LIJAS MEDIANAS Y FINAS
- MASILLA PARA MADERA
- ESPÁTULA
- DESTORNILLADOR
- TALADRO Y MECHA PARA MADERA NRO. 5

PARA LA TERMINACIÓN:

- FONDO PARA MADERA
- PINTURA SINTÉTICA Y PINCELES
- AGUARRÁS

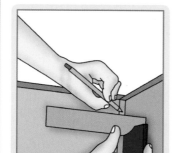
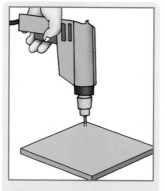
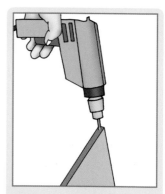

1 Tomar las primeras dos tablas y ubicarlas en ángulo, medir con un lápiz las perforaciones, es decir, tres en cada caso, dos en los extremos y una en el centro.

2 Hacer las perforaciones en la primera tabla, de la siguiente manera: realizar tres perforaciones pasantes en la tabla 1, en donde se ubicarán los tornillos que sujetarán a la tabla 2.

3 En la tabla 2 practicar los agujeros en el extremo opuesto de donde sujeta la tabla 1. Repetir este mismo paso en las tablas 3 y 4.

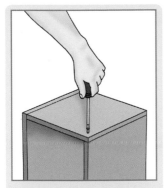

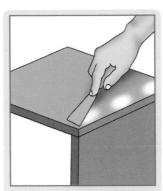

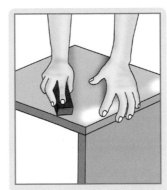

4 Una vez agujereadas las tablas, colocar cola de carpintero en todos los puntos de unión e ir atornillando todas las tablas entre sí, cuidando siempre que queden todas en un ángulo recto.

5 Con masilla para maderas y una espátula tapar todos los tornillos y uniones del cubo y dejar secar.

6 Lijar con una lija mediana toda la superficie del cubo, tanto interna como externa y dar terminación con lija fina.

7 Aplicar una mano de fondo para madera, una vez seco, volver a pasar una lija fina para eliminar cualquier huella o imperfección que haya dejado el pincel.

8 Terminar el cubo con pintura sintética y pincel, dando las manos necesarias para cubrir toda la superficie.

Como una alternativa más, se pueden incorporar separaciones dentro de los cubos, tanto en forma vertical como horizontal.

Para esto debe tomar las medidas internas del cubo y comprar las tablas que necesite, teniendo en cuenta que el espesor puede ser menor al usado para la construcción del cubo. Si lo que desea es una separación vertical, tenga en cuenta que la tabla debe entrar en forma muy ajustada en el interior del cubo.

Antes de colocarla, ponga cola de carpintero en ambos puntos de contacto para que la tabla quede firme. Si lo que necesita es una separación horizontal, debe tomar la distancia desde la base hasta la altura deseada y colocar unos sujetadores a los laterales de las paredes del cubo, dos por lado, uno en cada extremo a unos 5 cm hacia adentro de cada lado.

Cómo combatir la carcoma

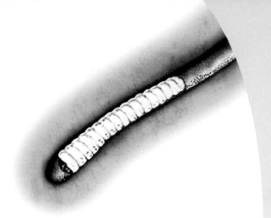

La carcoma es una de las plagas más comunes de la madera. Hacer una prevención adecuada o encarar el problema a tiempo, sirve para salvar una pieza de madera.

La carcoma es el nombre común que reciben diversos insectos coleópteros que se alimentan de sustancias vegetales. Estos insectos dejan sus huevos en los muebles, y luego de convertidos en larvas, comienzan a alimentarse de la madera del mueble. Se pueden detectar por los pequeños orificios que dejan.

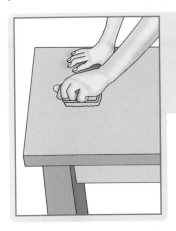

1 Hacer una buena limpieza del mueble, cepillando bien todo inclusive en los lugares que no vemos. Los cepillos de dientes en desuso, son ideales para llegar a los rincones más escondidos.

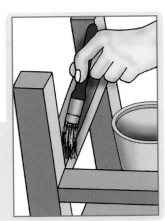

2 Luego, con un producto específico para este tipo de plagas, pincelar todo el mueble. Es conveniente comenzar dándolo vuelta para llegar de este modo a todos los rincones, incluida la base.

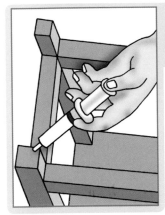

3 Con una jeringa inyectar en todos los orificios y fisuras que pueda encontrar.

4 Una vez que el producto contra la carcoma haya sido colocado en todo el mueble, taparlo muy bien con algún nailon o bolsa plástica, manteniéndolo así un par de días para que el producto penetre bien por toda la estructura de la madera.

MATERIALES

- CEPILLO
- PRODUCTO PARA COMBATIR LA CARCOMA
- PINCEL
- JERINGA
- NAILON

Consejo ✓

Esta tarea se recomienda realizarla en los meses en los que la temperatura es templada.

Tratamiento para los hongos

Los hongos atacan principalmente en lugares donde la luz natural y la ventilación son escasas. Para combatirlos es preciso usar un fungicida, y si se trata de un mueble, exponerlo al sol será la solución más adecuada. Si los hongos han afectado mucho alguna pieza del mueble, es importante su reemplazo para evitar que el hongo se propague por el resto del mueble.

Colocación de bisagras

Existen en el mercado una gran variedad de bisagras. Cada modelo adecuado para una necesidad diferente.

Todas cumplen la misma función: que las puertas, ventanas, tapas o biombos puedan abrirse o cerrarse sin separarse del resto del mueble o marco.

Colocación de bisagras en una puerta estándar

La primer bisagra se coloca en la parte superior a 18 cm contando desde arriba, y la inferior a 25 cm contando desde abajo. Las bisagras constan de dos partes: una que se fija en el lateral de la puerta y la otra al marco. Es importante que se tomen bien las medidas antes de su instalación definitiva.

MATERIALES

- BISAGRAS
- DESTORNILLADOR
- TORNILLOS
- TALADRO
- MECHAS PARA MADERA
- LÁPIZ DE CARPINTERO
- FORMÓN
- MAZA DE MADERA
- CUÑAS
- METRO

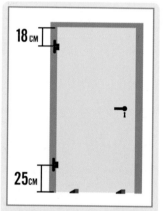

1 Marcar dónde se ubicaran las bisagras. Para este paso debe calzar la puerta dentro del marco, colocando las cuñas en la parte inferior hasta alcanzar el nivel deseado. Marcar la ubicación de las bisagras tanto en el marco como en la puerta.

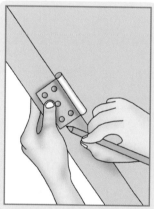

2 Retirar la puerta y marcar el contorno de la bisagra. Repetir este paso con el resto de las marcas tanto en la puerta como en el marco.

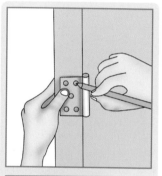

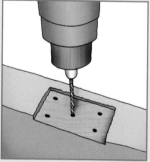

✓ Consejo

Tenga en cuenta que para realizar este trabajo es conveniente contar con ayuda. Entre dos personas el trabajo es más sencillo y más rápido.

3 Con el formón realizar cortes a contraveta y luego retirar los mismos dando profundidad hasta que la bisagra calce sin desniveles. Repetir esta operación para el resto de las bisagras.

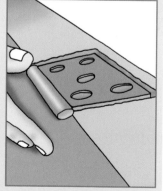

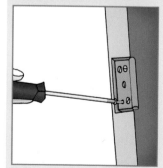

4 Marcar los orificios por donde se sujetarán las bisagras, realizar los orificios guía y colocar las bisagras con los tornillos.

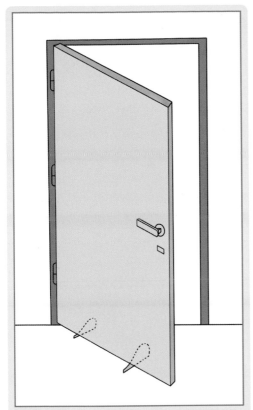

5 Volver a presentar la puerta, en este caso abierta a 90 grados. No olvidar colocar las cuñas por debajo antes de marcar definitivamente dónde irán las bisagras sujetas al marco. Colocar la otra parte de las bisagras teniendo presente la primer marca; verificar el lugar del calado.

6 Retirar la puerta y proceder a realizar el calado en el marco de la misma forma que se realizó en la puerta. Hacer las marcas para los orificios de los agujeros guía.

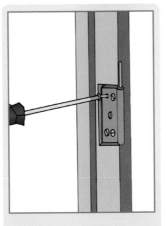

7 Amurar las bisagras al marco con los tornillos en los agujeros guía.

8 Calzar la puerta en posición abierta alineando ambas bisagras hasta que la hoja calce en las bisagras del marco; presionar hacia abajo.

Instalación de cerraduras

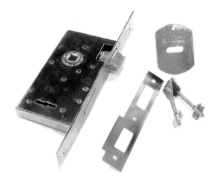

Cuando se habla de cerraduras, en lo primero que se piensa es en una puerta de una casa, pero las cerraduras se pueden colocar en varios lugares, por ejemplo, el cajón de un escritorio.

Elementos que componen una cerradura

La descripción que damos sirve para todos los casos de cerraduras embutidas, se trate de una puerta o del cajón de un escritorio.

MATERIALES

- GRAMIL
- CERRADURA
- LÁPIZ DE CARPINTERO
- TALADRO
- MECHAS PARA MADERA
- FORMÓN
- MAZA DE MADERA
- DESTORNILLADOR
- TORNILLOS

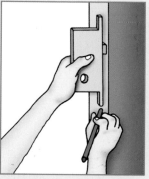

1 Marcar la línea central con un gramil y, con la cerradura como plantilla, marcar la parte superior e inferior de la misma.

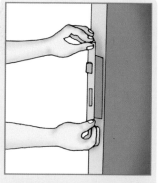

2 Con una mecha de diámetro igual al espesor del cuerpo de la cerradura practicar los agujeros necesarios entre las marcas realizadas. Verificar que la cerradura entre cómodamente en el hueco practicado.

3 Con la cerradura encastrada en el hueco, marcar la placa frontal, y con un formón, realizar los cortes necesarios para que ésta quede al nivel de la madera.

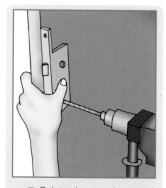

4 Sujetar la cerradura por la parte de afuera al mismo nivel que luego quedará empotrada, y marcar con un taladro el orificio por donde pasará la llave. Realizar el orificio de lado a lado.

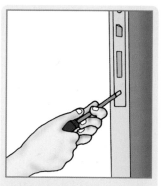

5 Atornillar la cerradura en el hueco y verificar su funcionamiento con la puerta abierta.

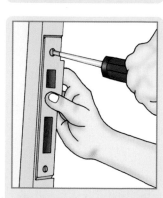

6 Instalar los accesorios de la cerradura en ambas caras de la puerta. Marcar el pestillo e instalar el soporte del lado del marco.

✓ Consejo

Cuando llegue el momento de probar las llaves, hacerlo siempre con la puerta o cajón abierto.

Instalación de una puerta plegadiza

Una puerta plegadiza es muy útil cuando no queremos entrar en obra para instalar otra. Con unas pocas herramientas y medio día tendrá el trabajo totalmente terminado.

MATERIALES

- NIVEL
- LÁPIZ
- TALADRO
- MECHA DE WIDIA
- MECHA PARA MADERA
- METRO
- DESTORNILLADOR

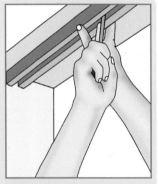

1 Fijar la guía superior con un solo tornillo en el centro.

2 Colocar las manijas a la puerta.

3 Perforar el perfil de fijación de la puerta y realizar el mismo trabajo en la pared.

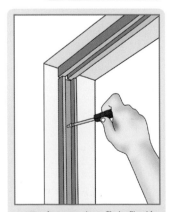

4 Amurar el perfil de fijación a la pared, pasando previamente las correderas por la guía superior.

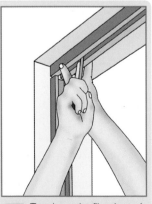

5 Terminar de fijar la guía superior con tornillos ubicados cada 10 cm.

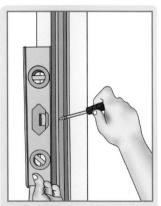

6 Instalar el canal de cierre verificando que quede perfectamente vertical.

Piso flotante

Los pisos flotantes son uno de los revestimientos más modernos que hay hoy en el mercado, fáciles de instalar y de mantener.

Vienen en tablas de diferentes tamaños que, por lo general, oscilan entre los 20 cm de ancho y 1,20 cm de largo. Sus terminaciones pueden ser melamínicas o madera natural; ambas están tratadas con tecnologías de alto nivel, lo que los hacen muy resistentes y aptos para cualquier tipo de ambientes. Además de ser aptos para cualquier ambiente, también pueden colocarse en cualquier tipo de superficie, inclusive alfombras. Otra ventaja interesante es que luego de su colocación no necesitan otro tipo de terminación, como el pulido, el plastificado, etc. Tienen una gran tolerancia a las altas temperaturas, por lo que son ideales para pisos con losa radiante. Vienen en distintos tipos de maderas y colores, como el verde o el azul, además de los colores propios de las maderas. Este material se consigue tanto en casas de revestimientos como en hipermercados de la construcción y madereras.

Otras características para resaltar son las siguientes: para su limpieza sólo necesita un paño húmedo; no necesita de ceras u otros productos para levantar brillo; es sumamente resistente a los accidentes domésticos; su instalación es simple; no se pega ni se clava a la base (de ahí su nombre "piso flotante").

 Tenga en cuenta los siguientes puntos antes de comenzar:

• Antes de la colocación prevea que la superficie debe estar plana, limpia y seca.

• Abrir los paquetes de piso flotante 48 horas antes y mantenerlos así en la habitación donde se colocarán para que se adapten al clima del cuarto.

• Tomar las medidas y comprar el material calculando siempre adquirir un 20% más de material para cortes y desperdicios.

• Antes de cualquier colocación de un revestimiento de pisos, siempre se deben retirar los zócalos.

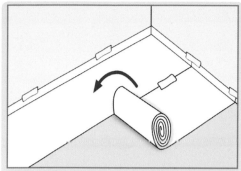

1 Extender el film antihumedad desde el zócalo superponiendo 20 cm entre los bordes del material. En el zócalo, elevarlo hasta cubrir la altura del mismo. Para evitar que se desplace, pegarlo con cinta de enmascarar.

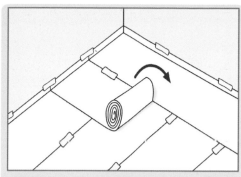

2 Colocar la manta de poliestireno espumado sobre el film antihumedad. Además de brindar un aislamiento acústico, esta capa impedirá el desplazamiento del piso flotante.

3 Antes de comenzar con la colocación del piso propiamente dicho, verificar la continuidad de las vetas de la madera en cada empalme de las tablas.

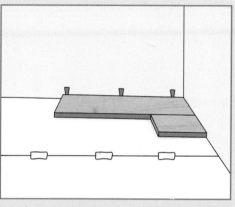

MATERIALES

- CINTA MÉTRICA
- CINTA DE ENMASCARAR
- MARTILLO
- ESCUADRA
- SIERRA DE DENTADO FINO
- FORMÓN
- INGLETE
- PEGAMENTO
- PISO FLOTANTE
- MANTA DE POLIESTIRE- NO ESPUMADO
- FILM ANTIHUMEDAD
- CORREAS TENSORAS
- VARILLAS AUTOFIJANTES

4 El primer corte siempre comienza con un cuarto de listón, y el corte restante sirve para comenzar en la segunda hilada. La primer hilada se coloca con la ranura hembra hacia la pared y sin pegamento, dejando una luz entre las tablas y la pared de unos 8 mm. Para ello utilizar cuñas, que una vez pasadas 24 hs de colocado el piso, se retirarán. Esto es para que el material pueda trabajar sin alterar su colocación. Las tablas, como casi todos los materiales, se contraen y dilatan, por eso necesitan una junta de dilatación. En este caso, la junta se tapará posteriormente con el zócalo.

5 Para la colocación de la segunda hilada, primero colocar pegamento en la cara posterior de la lengüeta macho de la primera hilada, en la parte inferior de la ranura hembra de las tablas a colocar y en los extremos transversales. Entre hilera e hilera presionar bien para que cierren las juntas. Para ello, deberá fabricar un taco con un pedazo sobrante del piso y el martillo; esto ayuda a no lastimar los encastres mientras se golpea con el martillo. Limpiar el excedente de pegamento con un trapo seco.

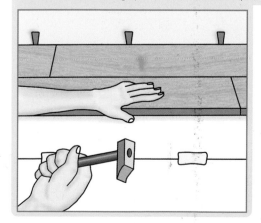

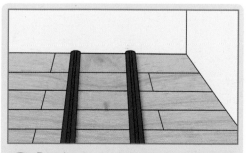

6 Para lograr una buena base, cada cinco hileras comprimir las tablas colocadas con las correas tensoras, de esta manera el piso secará en forma comprimida y sin resquicios.

Pintura
en casa

Introducción a la pintura

Una de las tareas preliminares antes de comenzar a pintar es calcular qué cantidad de pintura se va a utilizar y qué tipo de pintura se va a colocar en las paredes, el cielo raso y los pisos.

Primero se debe decidir qué tipo de pintura se va a colocar para saber su rendimiento por metro cuadrado y por mano, ya que este dato varía para cada tipo de pintura y según el fabricante. Es muy importante optar siempre por pinturas de buena calidad, para tener un óptimo resultado en el trabajo final.

Existen dos características importantes para diferenciar las pinturas de buena calidad de las otras. Por un lado, el poder cubritivo: con las pinturas baratas o de baja calidad necesitaremos desde dos hasta tres capas más de pintura para cubrir la misma cantidad de metros cuadrados. Por otro lado, las pinturas de buena calidad son muy resistentes al lavado de la superficie, mientras que con otras, de baja calidad, las superficies pueden descolorearse fácilmente con un lavado ligero.

 Siempre verifique antes de colocar cualquier producto, si es para interior o exterior.

Características de las pinturas

Las pinturas al látex son todas aquellas solubles en agua. Existen dos grandes grupos: para interior y para exterior.

Las pinturas sintéticas son aquellas solubles en aguarrás o thinner, y dentro de este grupo también se pueden dividir en pinturas sintéticas de colores planos y los barnices. Las primeras son todas aquellas que cubren la superficie y con el color tapan la base; El segundo grupo son las que luego de aplicada se puede ver la base del soporte pintado.

Cómo calcular la cantidad de pintura

1 Se necesita saber cuáles son las medidas de la superficie que se va a pintar. El primer cálculo que se debe realizar es obtener la cantidad de metros cuadrados de esa superficie.

Fórmula:

$$(A + B + C + D) \times H = X$$

A, B, C, D: medidas de las paredes de la habitación en metros.
H: medida de la altura de la habitación en metros.
X: superficie de la habitación en metros cuadrados.

Por ejemplo, una habitación cuadrada de 4 metros de lado, por una altura de 3 metros.

$$(4\ m + 4\ m + 4\ m + 4\ m)\ x\ 3\ m = 48\ m2$$

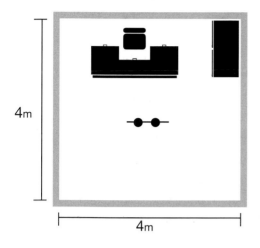

4m

4m

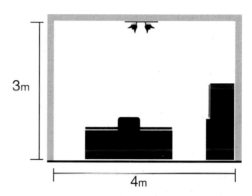

3m

4m

| **2** | Debemos saber el rendimiento de la pintura por metro cuadrado y por mano. En todos los envases de pinturas viene esta información, que varía según el tipo de pintura y cada marca. |

Por tratarse de un ejemplo vamos a tomar el rendimiento de un látex común que es de 12 m2 por litro y por mano de pintura.

Fórmula para calcular la cantidad de litros necesarios:

$$\frac{X\ x\ M}{R} = Z$$

X: superficie a pintar en metros cuadrados
M: cantidad de manos
R: rendimiento de la pintura en metros cuadrados
Z: litros de pintura necesarios

Según nuestro ejemplo obtendremos: $\dfrac{(48\ m^2\ x\ 2\ manos)}{12\ m^2} = $ **8 litros**

8 litros de pintura son los necesarios para pintar la habitación del ejemplo.

Para los cielo rasos el cálculo es:

$$\frac{A\ x\ B\ x\ M}{R} = Z$$

A: medida de un lado del cielo raso en metros
B: medida del otro lado del cielo raso en metros
M: cantidad de manos
R: rendimiento de la pintura en metros cuadrados
Z: litros de pintura necesarios

Según nuestro ejemplo obtendremos: $\dfrac{(4\ m\ x\ 4\ m\ x\ 2\ manos)}{12\ m^2} = $ **2,66 litros**

Algo más de 2 litros y medio de pintura serán los necesarios para pintar el cielo raso del ejemplo.

Cómo elegir la pintura

Antes de saber qué pintura se va a comprar, es importante saber dónde se la va a aplicar.

No es lo mismo un cielo raso que una pared, y no es lo mismo una pared exterior que una interior, y no es lo mismo una cocina que un cuarto de chicos o un recibidor, y así podríamos extendernos por todas las habitaciones de la casa. Cada cuarto tiene características determinadas y estas características ayudarán para la elección del tipo de pintura.

Las más conocidas son las pinturas al látex, que se dividen en dos grandes grupos para exteriores y para interiores; ésta última, a su vez, la podemos separar en dos grupos: para paredes y para cielos rasos. También encontramos otra división dentro de las interiores: las superlavables, las antihongos, y los látex comunes, entre otras.

En lugares donde el tránsito es intenso y la limpieza de las paredes es habitual, se recomienda colocar una pintura superlavable.

En paredes con problemas de humedad, como, por ejemplo, paredes que dan al exterior, interiores de placard, etc., lo ideal es colocar una pintura antihongos.

También existen otras superficies, además de las paredes, como por ejemplo, los pisos o azulejos; hay pinturas fabricadas especialmente para estas áreas. El cálculo de rendimiento es igual a los antes mencionados.

 Es muy importante qué a la hora de pintar una habitación coloquemos el tipo de pintura adecuada para ese ambiente.

Otras superficies

Como se mencionó anteriormente, en una casa también se pueden pintar aberturas, muebles, pisos, azulejos y por qué no vidrios; en conclusión, cualquier superficie puede ser pintada, el único punto que hay que considerar es que para cada caso existe una pintura adecuada. Con este consejo y siguiendo las indicaciones del fabricante, sin dudas el trabajo será un éxito.

Preparaciones antes de comenzar a pintar

Cuando uno se dispone a pintar pueden pasar dos cosas: una es trabajar en un cuarto vacío, que es lo ideal ya que no deberán correrse muebles ni hacer demasiados trabajos extras; la otra posibilidad es tener que repintar una habitación, esta última posibilidad es más común que ocurra.

Si es la segunda opción con la que le tocó trabajar, deberá seguir estos consejos:

Retirar aquellos muebles que puedan sacarse de la habitación. Acomodar el resto en el centro de la misma, todo cubierto con alguna manta o sábana vieja.

 Retirar cuadros, apliques de luz, tapas de luz, picaportes; todo aquello que no va a ser pintado y que pueda removerse fácilmente. Los artefactos de luz, como por ejemplo, arañas o cualquier artefacto que sea grande, es conveniente dejarlos en el lugar. Despegar del techo sólo la tapa que cubre la caja del techo y el resto cubrirlo con bolsas de plástico transparentes.

 Tapar el resto con cinta de pintor y no olvidarse de cubrir los pisos.

Preparación de la superficie

Un buen trabajo de pintura siempre comienza por la correcta preparación de la superficie. Para esto debe seguir cuidadosamente estos consejos:

 La superficie debe estar firme, limpia, seca, sin polvillo, hongos ni grasitud.

 Las partes flojas o mal adheridas deben ser removidas con espátula, para luego aplicar el relleno adecuado. En el caso de imperfecciones, deben ser corregidas con revoque, yeso o enduido plástico, según corresponda.

 Si hay manchas de aceite o grasa, limpiar la superficie con agua y detergente; y en aquellos lugares con hongos, lavar con una solución de agua y lavandina. Inmediatamente enjuagar con abundante agua y dejar secar.

 Retirar capas viejas de pintura y barnices al solvente.

En el mercado existen removedores para este tipo de trabajos, que pueden ser líquidos o en gel. La ventaja del gel es que se puede trabajar en superficies inclinadas o verticales sin desperdiciar material ya que no chorrea.

Las primeras capas de pintura pueden ser retiradas con espátula. Luego es conveniente usar una lana de acero fina, y para los lugares menos accesibles podemos usar un pedazo de vidrio partido, debidamente protegido por el lado donde debe asirse con la mano.

Otra opción para retirar pinturas es usar una pistola de calor. La única prevención es cuidar de no quemar la superficie en donde se trabaja.

Paredes con hongos

Las paredes con hongos se deben tratar usando la siguiente fórmula:

MATERIALES

- BALDE
- AGUA
- LAVANDINA
- CEPILLO DE CERDAS DURAS
- GUANTES
- TRAPOS VARIOS

1 Preparar una solución de lavandina con agua en una proporción de 1:10.

2 Frotar la superficie afectada con un cepillo de cerdas duras y enjuagar con abundante agua limpia.

3 Dejar secar muy bien toda la superficie tratada y de ser necesario volver a repetir la operación.

✔ Consejo

Siempre es conveniente lavar bien cualquier superficie que va a volver a pintar, con una solución de agua y detergente, y enjuagar bien con agua limpia.

Herramientas

Materiales y herramientas

Los materiales y herramientas que se usan en los trabajos de pintura son muy accesibles y, para un trabajo exitoso, además de contar con pinturas de primera calidad se debe contar con las herramientas adecuadas.

A continuación se detallan las herramientas y materiales con una breve descripción, y cómo se usa o se aplica, según corresponda.

Espátulas: una fina y una ancha. Utensilio con forma de paleta confeccionada en chapa con mango de madera. Actualmente en el mercado podemos encontrar espátulas plásticas con formas anatómicas para un mejor manejo de la herramienta y específicamente pensadas para pasar el enduido.

Llana de yesero: se trata de una herramienta compuesta por una plancha metálica en la base y un mango por la parte superior. Habitualmente se la utiliza para la aplicación del yeso, pero en este libro se la utilizó en una terminación decorativa.

Batea: es una bandeja, generalmente de plástico, con bordes bajos y un sector para escurrir, utilizada para contener la pintura y mojar y escurrir cómodamente el rodillo y el pincel. Se pueden encontrar dos modelos: uno para apoyar en el piso y otro para colgar en la escalera.

Pinceles: uno para los recortes de 5 cm de ancho (como mínimo) y otro de 2,5 cm para los marcos y zócalos. Es una de las herramientas más usada en la aplicación de la pintura y que consiste en un manojo de pelos sujeto a un mango.

Rodillos: uno de espuma para la pintura al aceite y otro de lana para el látex. Se trata de una pieza cilíndrica giratoria, revestida con diferentes materiales, utilizado para aplicar la pintura.

Lijas: de tres gramajes (gruesa–mediana–fina). Si va a lijar marcos y puertas con pintura al aceite recuerde usar las lijas al agua.

Diluyente: se utiliza para la limpieza de las herramientas y también para aligerar la pintura. El diluyente de una pintura al látex es el agua, mientras que para una pintura sintética el diluyente es el aguarrás. Es importante que siempre lea las especificaciones técnicas del producto para verificar el tipo de diluyente que esa pintura necesita.

Escalera: es una armazón compuesta de dos largueros y varios travesaños distribuidos regularmente en ellos, que sirve para subir y bajar de un sitio.

Cinta de enmascarar: es una cinta engomada que se utiliza para cubrir sectores que no se desea pintar. Para enmascarar zonas, cuando se trabaja en pátinas en la pared, se recomienda usar la cinta azul, que es de baja adherencia; esto evitará que al retirar la cinta, salga con ella un pedazo de pintura.

Pintura: materia fluida o semifluida que puede aplicarse a diferentes tipos de superficies, en capas relativamente delgadas y que con el tiempo se convierten en un revestimiento sólido. Las pinturas normalmente están compuestas por un vehículo o soporte, un pigmento que proporciona el color, dureza y grosor de la película y un diluyente que determina la consistencia.

Sellador fijador (al agua o al aguarrás): al igual que la pintura se trata de una materia fluida que se utiliza para sellar una superficie antes de aplicar la pintura de terminación para una mejor absorción y fijación de la misma.

Removedor: su consistencia es fluida y se utiliza para remover la pintura vieja de una superficie. En el mercado encontramos dos tipos de presentaciones: líquido y en gel, éste último es ideal para trabajar en superficies verticales.

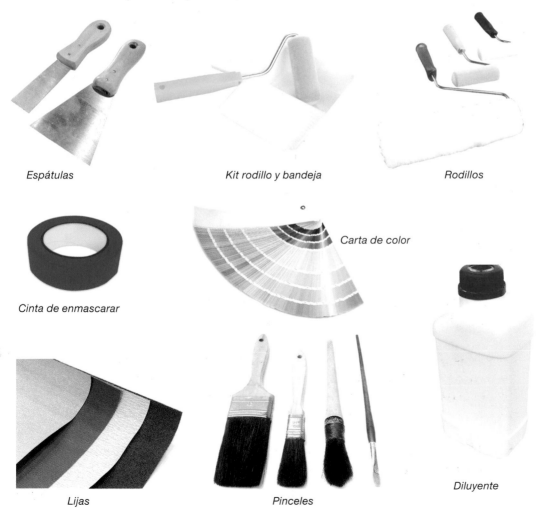

Espátulas

Kit rodillo y bandeja

Rodillos

Cinta de enmascarar

Carta de color

Lijas

Pinceles

Diluyente

Usos y tipos de sellador

Los selladores fijadores, como su nombre lo indica, fijan y sellan las superficies que se van a pintar.

Este proceso sirve, además, para que la pintura de terminación se absorba en forma pareja y que la superficie no se descascare al poco tiempo.

Para superficies a repintar en buen estado, se utiliza el sellador al agua. En superficies nuevas, muy deterioradas o entizadas (al pasar la mano los restos de polvo quedan pegados en la palma), o en las que el revestimiento viejo se desprenda con facilidad, usar sellador al aguarrás.

Siempre debe tener en cuenta el tipo de pintura de terminación, ya que si la pintura de terminación exige un sellador en especial, es ése el que vamos a usar sin importar el estado de la superficie.

Los selladores siempre se aplican diluidos. Cuando se trata de preparar una base a ser pintada, en el caso del sellador al agua, éste se diluye en tres partes de agua por una de fijador; mientras que el sellador al aguarrás se diluye según la absorción del muro en el que va a trabajar, el fijador al aguarrás debe quedar mate al secarse, y se lo puede diluir hasta un 50% con aguarrás. De todas maneras siempre lea las indicaciones del fabricante antes de su preparación.

 El sellador al agua también se utiliza para la realización de pátinas, en estos casos se utilizará sin diluir.

Lijas

En el proceso de preparación de una superficie para ser pintada, la lija es uno de los elementos más importantes por dos motivos: por un lado ayuda a nivelar, y por el otro, a obtener una mayor porosidad de la superficie, con lo que se logra una mejor adherencia de la pintura.

Las lijas se pueden clasificar según el uso que se les va a dar. Las lijas rojas sirven para la preparación de maderas en general, para el lijado de las paredes antes de ser pintadas, después de la aplicación del enduido y de los selladores, y entre mano y mano de pintura. Las lijas de tela esmeril son aplicadas para todos los trabajos de lijado de metales. Las lijas antiempaste están indicadas para todos los trabajos de lijado en seco.

Las lijas al agua se utilizan en húmedo. El efecto autolimpiante del agua elimina el polvo que produce el trabajo de lijado y da una terminación más suave. En todos los casos, las lijas vienen en diferentes medidas, según el grano: extra fino, fino, mediano, grueso y extra grueso.

Los números en las lijas corresponden a la cantidad de granos que se pueden alinear en una longitud determinada. Por ejemplo, una lija número 80, corresponde a un grano grueso, mientras que una lija número 1000 corresponde a un grano extra fino.

Qué lija usar en cada caso

Para las paredes, el cielo raso y los pisos, es conveniente elegir lijas rojas en sus tres medidas. El grano grueso se usa siempre para comenzar el trabajo; el grano mediano, entre mano y mano, y luego del enduido o después del sellador; y el grano fino para el lijado final, antes de la pintura de terminación.

Cómo realizar un buen lijado

La lija siempre debe envolverse en un taco de madera. El lijado debe realizarse con movimientos circulares para evitar que queden marcas.

Para todo aquello que, normalmente, esté pintado con pinturas sintéticas, las lijas al agua son una excelente opción.

Entre mano y mano de pintura es conveniente pasar una lija de grano mediano, para eliminar cualquier marca del rodillo o pincel que haya quedado.

Cuando esté lijando maderas siempre haga esta operación en el sentido de las vetas.

El enduido

Además de ayudar a que las paredes queden en perfecto estado, este producto se utiliza también para la creación de diferentes texturas, incluso combinado con otros productos como la arena.

Usando nuestra imaginación y con información técnica adecuada, se pueden lograr efectos únicos. Pero, para ser ordenados primero veremos cómo se usa el enduido en la preparación de una superficie.

Cómo se aplica el enduido

Este material se coloca en capas delgadas, dejándose secar el material entre carga y carga. Se debe lijar también antes de cada carga. Según el estado de la superficie, puede llegar a necesitar hasta tres capas de enduido.

MATERIALES

- DOS ESPÁTULAS: UNA ESPÁTULA ANCHA DE 20 CM (COMO MÍNIMO) Y OTRA MÁS FINA DE 5 CM PARA CARGAR EL MATERIAL.
- ENDUIDO
- LIJAS

1 Tomar el material de la lata con la espátula fina y descargarlo en la espátula ancha, procurando que el material quede ubicado en el borde y en el medio de la espátula.

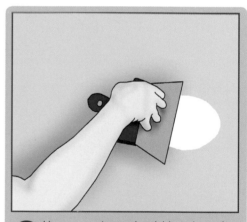

2 Una vez que tenga el enduido en la espátula ancha, pasar en forma semicircular en la pared, cuidando que quede la menor cantidad de rebarbas.

(!) Cuanto más prolijo sea en la colocación del enduido, menos trabajo habrá luego en el lijado.

✓ Consejo

En paredes rústicas es conveniente realizar los parches con cemento blanco mezclado con una parte de arena. De esta forma el lugar donde se realizó el arreglo quedará disimulado.

Proyectos y soluciones

El enduido como terminación decorativa

El enduido se usa también en terminaciones decorativas, ya sea para darle volumen a un detalle o para poder obtener texturas. Pueden ser desde imitaciones, como la piedra o acabados que pueden surgir desde nuestra imaginación.

A continuación les detallo algunos para tener en cuenta.

MATERIALES

- ENDUIDO
- 2 ESPÁTULAS
- CITA DE ENMASCARAR
- PINCELES VIEJOS, PREFE-RENTEMENTE DE CERDAS DURAS, PARA LAS MARCAS
- PINCELES PARA APLICAR LA PINTURA
- LIJAS
- SELLADOR FIJADOR AL AGUA
- PINTURA
- TRAPOS VARIOS

Textura con pincel

Es una técnica sencilla y muy divertida en la que pueden ayudar hasta los niños. Mientras los grandes van pasando el enduido los chicos van dejando las improntas de los pinceles.

Esta técnica es conveniente realizarla sólo en un sector de la pared marcando un zócalo o una guarda; y trabajar en el sector delimitado previamente. Para el terminado final, puede colocarse alguna varilla delimitando la zona en la que se trabajó.

Para este trabajo, a pesar de ser el más sencillo, se necesitan por lo menos dos días, y no es porque presente algún tipo de dificultad, simplemente deben esperarse los tiempos de secado del enduido, por lo tanto necesitará un día para aplicar el enduido y otro para realizar la pátina.

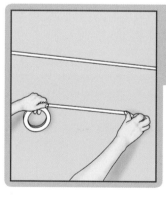

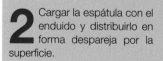

1 Delimitar con la cinta de enmascarar la zona en la que va a trabajar.

2 Cargar la espátula con el enduido y distribuirlo en forma despareja por la superficie.

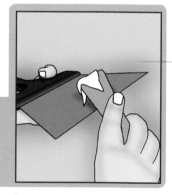

3 Ir alisando con la espátula hasta obtener un espesor de 2 milímetros.

4 Antes de que el enduido comience a secar, comenzar a poncear con los pinceles viejos la superficie, para obtener las marcas deseadas.

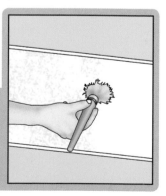

5 Una vez seco el enduido, lijar hasta que la superficie quede suave al tacto. Es conveniente no pasar la lija en exceso, ya que se borrarian las marcas.

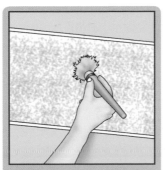

6 Aplicar el sellador fijador sin diluir en sectores no mayores a 1 m². Sin que seque el sellador, aplicar la pintura ponceando sobre la superficie para lograr que la pintura penetre en las marcas.

7 Ir pasando el trapo humedecido, con cuidado de no retirar toda la pintura. De esta forma logrará con un sólo color un efecto veteado, obteniendo distintos matices con un efecto más intenso en los lugares donde se produjeron las marcas.

Alisado con llana

Es una técnica un poco más complicada que la anterior, aunque también de fácil realización, sobre todo cuando haya adquirido el secreto de los movimientos que debe realizar con la muñeca. Para este trabajo necesita por lo menos tres días: uno para aplicar la técnica del enduido alisado, otro para la pintura, y un tercero para la pátina.

Algunos ejemplos de combinación de colores son:

celeste - gris

crema – verde musgo

beige – marrón africano

MATERIALES

- LLANA DE YESERO
- ESPÁTULA ANGOSTA
- ENDUIDO
- LIJAS
- CEPILLO DE CERDAS SUAVES
- FIJADOR AL AGUA
- PINCELES
- TRAPOS VARIOS
- PINTURA BASE (EL COLOR DEBE SER MÁS CLARO QUE LA PÁTINA)
- PINTURA PARA LA PÁTINA (MÁS OSCURO, SIEMPRE QUE AMBOS COLORES COMBINEN ENTRE SÍ)

1 Cargar la llana con el enduido y distribuirlo en forma despareja por la superficie.

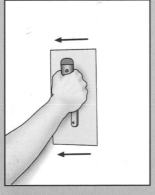

2 Alisando con la llana hasta obtener un espesor de 2 milímetros.

3 Apoyar la llana en la superficie aún húmeda e ir levantado el material.

Consejo ✓

Si no tiene una llana de yesero puede reemplazarla por una espátula ancha.

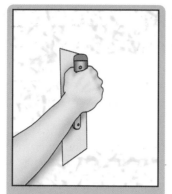

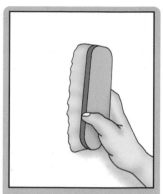

4 Alisar suavemente con el filo de la llana para no dejar picos, con cuidado de no deshacer el dibujo formado.

5 Dejar secar muy bien, y pasar lija para alisar las puntas de la superficie. Cuando al tacto se sienta suave, dejar de lijar.

6 Antes de comenzar con el trabajo de pintura, debe retirar todo el polvo de la superficie con un cepillo de cerdas suaves.

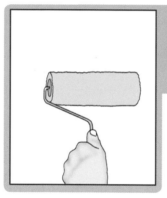

7 Aplicar el sellador fijador al agua, diluido según indicación del fabricante. Dejar secar.

8 Aplicar la pintura base con el pincel, cuidando que no queden partes sin pintar. Dejar secar.

Aplicar sobre la superficie el sellador al agua sin diluir, y comenzar a pasar la pintura para la pátina como se indica a continuación:

10 Primero aplicar por sectores que no sean mayores a un metro cuadrado el sellador al agua con una pinceleta.

11 Luego aplicar la pintura de la pátina ponceando la zona. Dejar orear, pero antes de que seque por completo continuar con el siguiente paso.

12 Con el trapo previamente húmedo, retirar el exceso y esfumar la pintura, primero golpeando sobre la superficie y luego con movimientos circulares que barran la zona.

Imitación piedra

Esta técnica es un poco más elaborada que las anteriores por el proceso en cada paso, pero vale la pena el esfuerzo, ya que su terminación es sumamente delicada y a la vista queda muy bonita. Si tuviéramos que comparar el gasto de tiempo y dinero para hacer una pared en piedra, y la elección de esta técnica, sin dudas la opción sería hacer la imitación.

Para el formato de las piedras se puede elegir entre el formato rectangular o irregular, para este último es conveniente realizar el trabajo a mano alzada en el trazado del contorno de la misma. Para el formato rectangular es mejor tener una plantilla de un tamaño adecuado, que es de 25 cm x 35 cm. Recuerde que los bordes deben estar sutilmente redondeados.

Para realizar este trabajo debe contar por lo menos con un día para cada proceso: un día para colocar el enduido, otro para hacer los bordes, otro para darle color a los bloques, y uno más para hacer las terminaciones; en total, como mínimo, necesita cuatro días para una pared de 2 metros y medio por 3 metros de alto.

Con respecto a la cantidad de pintura, en la actualidad se venden pinturas con los colores necesarios de un cuarto de litro. Estos envases son muy prácticos y económicos, ya que las pátinas, en general, no consumen mucha cantidad de pintura.

MATERIALES

- ENDUIDO
- ARENA
- ESPÁTULA
- LLANA DE YESERO
- PLANTILLA RECTANGULAR DE 25 CM X 35 CM
- SELLADOR FIJADOR AL AGUA, 2 LTS, PARA UNA PARED DE 2 X 3 MTS
- LIJAS MEDIANAS
- PINTURAS AL LÁTEX EN LOS SIGUIENTES COLORES: BLANCO, OCRE, NEGRO Y MARRÓN AFRICANO
- PINCEL ARTÍSTICO DE PUNTA REDONDA NÚMERO 2 Y NÚMERO 1
- PINCELES DE PINTOR DE 4 Y 8 CM CADA UNO
- PINCEL REDONDO DE CERDA DURA, PARA PONCEAR
- RECIPIENTES DESCARTABLES
- TRAPOS VARIOS
- CEPILLO PARA RETIRAR POLVILLO

1 Preparar el enduido y la arena en un recipiente. La arena sólo se agrega hasta un 20 % de la cantidad de enduido. Mezclar bien con la espátula. Preparar la cantidad de mezcla a medida que se va usando.

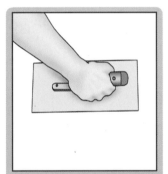

2 Aplicar la preparación sobre la pared con la llana de yesero, distribuyéndola de forma uniforme en superficies no mayores a un metro cuadrado.

3 Con el pincel de cerdas duras poncear sobre la superficie húmeda. Si fuera necesario, alisar suavemente con la llana para bajar cualquier pico que haya quedado en este proceso.

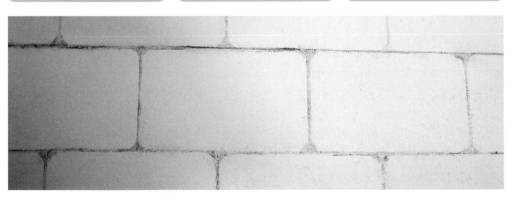

4 Dejar secar muy bien durante 24 horas y lijar hasta que la superficie esté suave al tacto. Recuerde que el objetivo no es nivelar la superficie, sólo suavizarla.

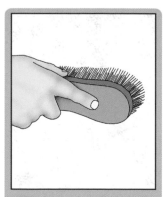

5 Antes de continuar con el proceso de la pintura, debe retirar todo el exceso de polvo que haya quedado en la superficie con un cepillo.

6 Comenzar a marcar los bloques, sin olvidarse de verificar si en una hilera van a entrar todos los bloques enteros. Si no fuera así, prever dónde quedarán los bloques partidos.

7 Presentar la plantilla en la pared y con sellador fijador sin diluir contornear el borde.

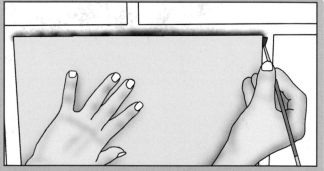

8 Con el pincel artístico de punta redonda nro. 2 mojado en el sellador y cargar con el tono marrón africano, volver a contornear el borde sin sacar la plantilla.

9 Repetir el punto anterior en por lo menos tres bloques más, uno al lado del otro, siempre en la misma hilera.

10 Retirar la plantilla. Con un trapo húmedo, comenzar a retirar un poco de pintura dando golpecitos sobre las líneas. Si es necesario, retocar con el fijador y la pintura nuevamente.

11 En la 2da hilera, volver a repetir los pasos anteriores, teniendo en cuenta que los bloques deben ir de forma trabada, es decir que comenzará con medio bloque. Repetir todos los pasos hasta terminar la pared.

Para darle color a los bloques, debe tener preparados todos los tonos más el sellador fijador en bandejas separadas.

12 Trabajar por bloque pasando primero sellador fijador sin diluir. Después ir manchando primero con blanco, luego dar unos toques con casi nada de ocre y a continuación un poco de negro.

13 Con el trapo humedecido, esfumar las manchas integrándolas entre sí, dando golpes para absorber los excesos. Finalmente, cuando la superficie esté opaca, pasar el trapo con movimientos circulares para terminar de estirar la pintura. Avanzar por el resto de los bloques hasta terminar.

Para la terminación observar toda la superficie, y en los lugares donde quedó muy acentuado el color pasar un pincel seco, mojarlo con un toque de blanco, descargar bien el pincel primero en un papel, y luego pasarlo en las zonas en las que se necesite bajar un poco el tono.

Comenzar a pintar

Siempre se comenzará a pintar por el techo, luego las paredes, las aberturas y finalmente los marcos y zócalos.

Siempre se debe comenzar el trabajo de arriba hacia abajo, porque si se llegara a gotear o salpicar podemos ir arreglando los errores a medida que avanzamos. Es decir, siempre se debe pintar primero el sector más alto. Una vez que la superficie esté bien preparada, se puede comenzar a aplicar la pintura, tanto en techos como en paredes.

MATERIALES

- RODILLO
- PINCEL
- BATEA

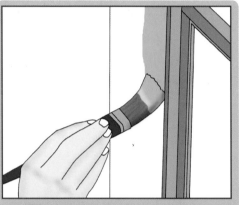

1 Con un pincel hacer los recortes: pintar todos los perímetros (el encuentro entre la pared y el techo, entre la pared y el zócalo y en los vértices).

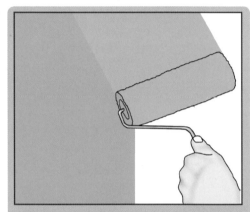

2 Con un rodillo rellenar el resto de la superficie: éste debe pasarse formando una letra N para cubrir bien todo el sector a pintar, luego de arriba hacia abajo, para eliminar cualquier marca que pudiera haber quedado.

 Normalmente se recomienda dar por lo menos dos manos, pero esto también depende del tipo de pintura que elija. Recuerde que entre mano y mano de pintura se debe lijar la superficie.

Qué debemos tener en cuenta para trabajar seguros

Para comenzar a trabajar, una tarea previa es verificar el estado de las herramientas que se van a utilizar.

1 Si va a utilizar una escalera, verificar tanto el buen estado de los escalones, como la unión de ambas partes si se usa una escalera tipo tijera. Tenga presente que es mejor trabajar de a dos cuando se la use.

2 Cuando necesite trabajar en lugares no convencionales, como encima de una mesada, verifique antes de subirse que la superficie esté estable y que soportará su peso.

3 Los tablones para el armado de andamios deben ser de madera dura y no tener rajaduras ni nudos grandes.

4	Siempre use guantes para protegerse las manos y antiparras para los ojos.
5	Utilice ropa cómoda y un buen calzado, preferentemente antideslizante.
6	Trabaje de día, comience bien temprano por la mañana.
7	Mantenga los ambientes ventilados y use barbijo cuando esté lijando o usando aerosoles.
🖌	Cuando trabaje en el cielo raso, vale fabricar un andamio con un tablón y dos escaleras. En el caso de que se encuentre en un espacio con escalera, puede armar un andamio con una escalera de tijera y un tablón, usando como segundo apoyo la escalera del lugar; apoye un extremo del tablón en uno de los escalones y el otro extremo en uno de los peldaños de la escalera tijera, tratando de que el tablón quede lo más pegado posible a la pared.

Formar los colores

Los colores primarios son el rojo, el amarillo y el azul.

De la combinación de éstos se forman los secundarios que son:

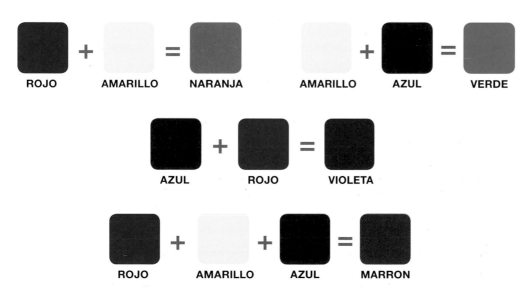

De la misma manera que se obtuvieron los secundarios, podrían obtenerse los terciarios, mezclando entre sí los colores obtenidos anteriormente. De esta forma se va armando la paleta de colores.

A los colores primarios debemos sumarles el negro y el blanco. Con estos dos, se van a formar colores más oscuros o más claros, según se desee.

Cuando hablamos de entonar pinturas para pintar una habitación, vamos a usar los entonadores universales. Siempre se debe tener en cuenta que al usar los entonadores con la pintura como viene de fábrica, en color blanco, solamente se van a lograr colores pasteles.

Otro punto importante para destacar es que hay que saber exactamente qué cantidad de entonador se utilizó para hacer la mezcla. De esta manera, cuando necesite repetir un color, no presentará dificultades. Por este motivo se recomienda utilizar el envase entero del entonador. Para esto tenga presente que por cada litro de pintura se puede entonar hasta con 30 cm^3 de entonador universal, que es la cantidad exacta que trae un sachet.

> **Cuando las proporciones que se usan son distintas, se obtienen diferentes tonos del mismo color.**
> **El color final se ve influenciado por el color de más proporción usado en la mezcla, por ejemplo, un verde azulado, se obtendrá utilizando una mayor proporción de azul en la preparación.**

Para lograr una mezcla homogénea con la pintura y el entonador es conveniente, cuando se trata de pinturas al agua, primero disolver el entonador con un poco de agua para lograr que se integre más rápidamente el entonador a la pintura base.

Los movimientos para mezclar la pintura deben realizarse siempre en forma de ocho y de abajo hacia arriba.

Si lo que necesita lograr es un color pleno y con los entonadores no puede obtenerlo, hoy en día se ofrece en el mercado un sistema especial para obtener colores que de otra forma serían imposible de lograr, es decir, el sistema tintométrico, que se puede encontrar en casi todos los lugares donde se adquieren las pinturas.

Teoría del color

Ya hablamos del color y cómo se forma, ahora nos dedicaremos a cómo combinarlo.

Partiendo de los colores primarios, secundarios y terciarios podemos formar lo que se llama el "círculo cromático", en el que se observan los siguientes grupos:

• *Relacionados o análogos,* que son los colores ubicados a los costados del color elegido, el primero de la derecha y el primero de la izquierda.

• *Complementarios u opuestos* del color elegido; su complementario es el que está ubicado enfrente de éste.

 El círculo cromático sirve para guiarnos en la elección de los colores, y que queden armónicos en la combinación.

Otro punto que se debe considerar a la hora de combinar colores es la intensidad (si son colores claros u oscuros); y la temperatura (si son fríos o cálidos).

Como regla general, los colores cálidos se ubican en cocinas, comedores, recibidores y living, ya que estos tonos provocan una sensación estimulante de calidez; mientras que los colores fríos se pueden ver generalmente en cuartos pequeños o baños.

Se debe tener en cuenta también si son brillantes o atenuados. Los colores brillantes tienen una gran saturación de pigmento, mientras que los atenuados no. Además de las características propias de cada color, es importante observar la habitación que se va a pintar, ya que no quedará el mismo amarillo en una habitación en la que, por su orientación, el sol ilumina plenamente, que en una donde el sol apenas llega a iluminar.

A toda esta información debemos incorporarle las características de cada persona, por ejemplo, a un niño hiperquinético es recomendable pintarle el cuarto de un color de la gama de los fríos, mientras que a un niño muy tranquilo lo ideal es estimularlo con un color cálido y brillante.

Cuando no sepamos qué combinación hacer, lo ideal es elegir diferentes tonos de una misma gama, haciendo una decoración monocromática del ambiente y colocando en los detalles el color, como por ejemplo, un cuadro importante.

Observe el color elegido durante todo un día

Antes de comenzar a pintar siempre conviene hacer una prueba de color y ver cómo va a quedar el tono elegido, tanto de noche como de día. Para esto se debe pintar un sector de la pared, un metro cuadrado como mínimo, y observar a medida que pasan las horas cómo queda el tono en la pared.

Cuando se va a comprar la pintura es importante mirar las muestras de colores con los distintos tipos de luces(fluorescentes, incandescentes y natural), ya que la iluminación del local comercial es distinta de la iluminación que puede haber en cada casa, y la iluminación influye sobre el color.

Qué se debe tener en cuenta antes de elegir un color

a	El tipo de pintura: si es un látex o un sintético, si es mate o brillante.
b	El estilo de la decoración: tanto el constructivo como el mobiliario.
c	Los accesorios: cortinas, alfombras, cuadros y objetos de decoración en general.
d	Para qué y cómo se va a usar ese ambiente.
e	La personalidad del usuario de ese cuarto o las características de la familia, si se trata de un espacio común.

Combinar pintura y materiales de terminación

A la hora de las terminaciones y de decorar un ambiente, las combinaciones pueden ser de lo más diversas, desde el uso de guardas y empapelados, hasta la colocación de telas y molduras.

Con todos estos materiales, sumados a la imaginación y creatividad de cada uno, se pueden lograr ambientes muy agradables. Todos estos detalles le darán a la habitación terminada un valor agregado muy personal.

Empapelados y guardas

Una opción diferente para revestir las paredes es utilizar el papel, cuya ventaja principal es que no hay que esperar mucho tiempo para poder disfrutar del ambiente terminado.

Hoy en día hay un gran variedad de colores y texturas en revestimientos murales que pueden dividirse en tres grandes grupos:

Vinílicos

Son papeles superlavables, y tienen una gran resistencia a la abrasión. Son ideales para lugares de mucho tránsito, como comedores o dormitorios de niños.

Vinilizados

Son papeles menos resistentes que los anteriores, aptos para ser colocados en sectores de la casa tales como el recibidor, un escritorio o el dormitorio de adolescentes o adultos, ya que si bien pueden ser limpiados, al no ser tan resistente como los anteriores, su mantenimiento es más delicado.

Pintables

Son ideales para paredes con imperfecciones; vienen en variadas texturas, aptas para luego ser pintadas.

 Cuando se adquieren rollos de papel, es importante verificar que el número de partida sea el mismo en todas las piezas, con esto se asegura tener el mismo color en todos los rollos.

Cómo calcular la cantidad de rollos para revestir un cuarto

Para poder tener esta información, debe anotarse los siguientes datos, antes de ir de compras:

1 La altura de las paredes, que se van a revestir, en metros.

2 El ancho de las paredes, que se van a revestir, en metros.

Una vez elegido el papel, debe buscar la siguiente información, que se encuentra en cada rollo, para poder hacer el cálculo correspondiente:

3 El valor de la repetición del diseño del papel en metros.

4 Al valor anterior debe sumarse el dato del punto 1.

5 La suma del punto 4 será igual a la altura ajustada en metros.

6 Con el valor obtenido en el punto 5 por el valor del punto 2 obtendrá en metros cuadrados el área a revestir.

7 Con el resultado del punto 6 sobre la cobertura por rollo en metros cuadrados sabrá qué cantidad de rollos necesita para la colocación.

La cobertura de cada rollo se obtiene multiplicando el ancho por el largo del papel elegido, suponiendo que el papel elegido mide 0,52 mts de ancho por 10 mts de largo, la cobertura de ese rollo será de 5,20 m^2 por rollo.

Fórmulas:

$$A \times P = X$$

A: altura de la pared ajustada en metros.
P: el perímetro de la habitación.
X: área a revestir en metros cuadrados.

$$\frac{X}{C} = R$$

X: área a revestir en metros cuadrados.
C: cobertura por rollo en metros cuadrados.
R: cantidad de rollos necesarios para revestir la pared.

Colocar el papel mural

En la colocación de un papel mural, lo más importante es conocer la técnica, contar con herramientas de buena calidad y, por sobre todas las cosas, confiar en nuestra capacidad para realizar el proyecto.

Los revestimientos murales tienen varias ventajas, en primer lugar no necesitan de mano de obra especializada, en segundo lugar no hay olores, ya qué sólo se usa el pegamento y éste no desprende olores, y en tercer lugar, no tenemos que esperar tiempos de secado para disfrutar del trabajo terminado.

MATERIALES

- PLOMADA
- LÁPIZ
- CEPILLO DE CERDA BLANDA
- ESPÁTULA
- ESPONJA
- TRINCHETA
- TIJERA
- RODILLO PARA LA JUNTA
- PINCELETA O RODILLO PARA EL PEGAMENTO
- BATEA PARA PREPARAR EL PEGAMENTO
- PAPEL BASE
- PEGAMENTO EN PASTA
- PAPEL MURAL

a) Colocación del papel base

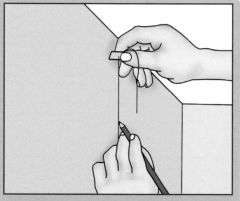

1 Marcar en la pared el ancho del rollo, y con una plomada y un lápiz trasladar la marca con una línea de puntos a toda la vertical de la pared. Esto ayudará a colocar la primer tira de papel perfectamente vertical y esta primera tira servirá de guía para la colocación del resto, hasta cubrir toda la superficie.

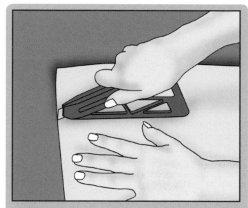

2 Medir el alto de la pared de piso a techo. Trasladar esta medida al papel y cortar con un excedente de 10 centímetros, cinco para cada extremo. Cortar el resto de las tiras necesarias y reservarlas para su colocación.

✓ Consejo

Es importante preparar bien la superficie antes de comenzar a trabajar, rellenando todos los agujeros e imperfecciones de la pared, y colocar una mano de sellador fijador al agua.

3 Preparar el pegamento en una batea, diluyendo la pasta con un poco de agua hasta lograr una consistencia cremosa, tras haber desarmado todos los grumos.

4 Comenzar a colocar el pegamento en cada tira e ir pegándola en la pared. Al igual que los papeles vinilizados, en el papel base, debe realizarse este proceso de a una tira por vez.

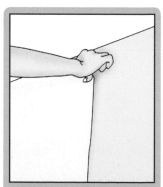

5 Colocar las tiras de arriba hacia abajo, cuidando que no queden burbujas en su interior. Cortar con la trincheta y la espátula, a modo de regla, los excedentes en los extremos.

Una vez colocado el papel base, puede comenzar a preparar la colocación del papel mural. Es muy importante que la primera tira de papel esté bien colocada, para que el resto no presente ninguna dificultad.

 Si es la primera vez que va a colocar papel, es conveniente que elija papeles que no tengan diseño, les facilitará la colocación y evitará tener que medir las uniones entre papel y papel.

b) Colocación del papel mural

Lo primero que debe hacerse, al igual que con el papel base, es crear una linea guía vertical del ancho del rollo en la pared (paso 1) y luego medir y cortar las tira de papel mural (paso 2). A continuación seguir los siguientes pasos.

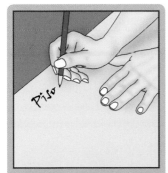

6 Marcar con lápiz en el revés de la tira cortada, qué extremo va en la parte inferior y cuál en la superior de la pared; tener en cuenta estas marcas en el próximo tramo de papel que se corte.

7 Pasar el pegamento con un rodillo o pinceleta, cuidando que quede pegamento en los bordes; ir plegando el papel en forma de acordeón.

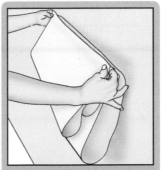

8 Comenzar a pegar el papel desde arriba siguiendo la marca guía. Ir pasando la espátula desde el centro hacia los bordes para retirar el exceso de pegamento y sacar las burbujas del interior.

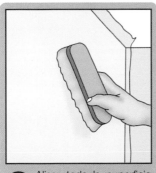

9 Alisar toda la superficie con un cepillo de cerdas blandas.

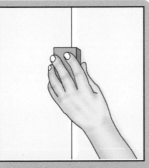

10 Limpiar el excedente de pegamento con una esponja y agua.

11 Con la espátula y una trincheta, cortar el excedente en ambos extremos. Repetir todos los pasos con el resto de las tiras.

Consejo ✓

Pasar el rodillo en las uniones de los papeles para poder lograr un efecto imperceptible en la junta.

Recordar que para la colocación de las guardas debe seguir los mismos criterios que se mencionaron para el revestimiento mural, con la única salvedad de que debe usar el pegamento especial para guardas.

Usos del esténcil

A la hora de decorar cualquier lugar de la casa, esta herramienta es sumamente versátil.

En primer lugar, se pueden trabajar estas plantillas con casi todos los materiales, desde una pintura común hasta el enduido, y en segundo lugar, los esténciles o plantillas se pueden fabricar en forma casera, con acetato o alguna placa radiográfica vieja.

Cómo fabricar su propia plantilla

 Datos útiles antes de comenzar:

• No busque diseños muy chicos, porque al intentar cortarlos será dificultoso.

• Siempre trabaje con hojas nuevas en la trincheta.

• Si encontró algún diseño en alguna revista o en cualquier lugar impreso, pero el tamaño no es el adecuado para su proyecto, recuerde que puede fotocopiarlo y así aumentar o disminuir el tamaño.

• Cuando comience el calado, hágalo siempre desde el interior hacia los bordes.

• Si el diseño elegido tiene cortes que son difíciles de hacer con trincheta, una opción adecuada es trabajar con un elemento de punta y calentarlo. Algunos ejemplos de herramientas que puede usar son: un soldador de estaño tipo lápiz, un punzón o un clavo que esté bien sujeto a un mango de madera.

• Para preparar una muñeca necesita un poco de goma espuma de 3 mm de espesor e hilo. Corte un cuadrado, las medidas dependerán del tamaño del esténcil, junte las puntas, ate con el hilo hasta formar un cuello, anude bien para que quede firme y no se deshaga la muñeca.

• Si la muñeca es de un tamaño importante, debe rellenar el centro con recortes de goma espuma para darle una buena forma y superficie de apoyo. Por último, tenga en cuenta que si va a trabajar con varios colores debe tener una muñeca para cada color.

Trabajar con el esténcil

Los esténciles pueden usarse en detalles sueltos o para recrear toda una guarda. Para armar una guarda, además de ubicarlas a lo largo o a lo ancho, puede hacerlo siguiendo un patrón, por ejemplo:

CONTINUO	EN ONDAS	LIBRE
La guarda se repetirá igual en toda la secuencia.	La guarda comienza y termina a la misma altura, pero de punto a punto el diseño se va alternando sobre estos puntos y debajo de ellos.	El diseño se distribuirá por la zona a decorar indistintamente, puede comenzar a una determinada altura y terminar en otra.

Una vez que el lugar quedó determinado, los pasos para realizar la guarda son:

1	Sujetar el estencil a la pared con cinta azul, por los bordes. Tenga en cuenta que si usará el estencil como una guarda en todo un perímetro, primero debe delimitar la zona marcando con un lápiz o una tiza, y ayudándose de un nivel de burbuja para que todo quede a la misma distancia. Si por el contrario el estencil será colocado en forma libre, planifique previamente dónde quedarán los diseños, y luego comience con la tarea.
2	Retirar con cuidado el estencil una vez aplicada la técnica elegida para no dañar el motivo.

Aplicando distintas técnicas y materiales

Es importante decir que se pueden usar la más diversa variedad de técnicas y materiales para este fin, desde pinturas, yeso, enduido, hasta masillas de diferentes tipos; todo dependerá de qué efecto desea lograr y la habilidad que tenga cada uno en combinar texturas y colores.

Lo importante es animarse y probar, para esto se recomienda usar algunas tablas de fibrofácil y verificar cómo queda la técnica elegida, una medida adecuada para realizar estas pruebas son tablas de 25 x 35 cm y 3 mm de espesor.

A continuación se detallan algunas técnicas básicas para usar con estencil y otros materiales:

Técnica de pincel seco

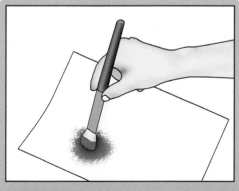

1 Con el pincel seco, tocar con la punta de las cerdas el color y descargar el exceso en un papel

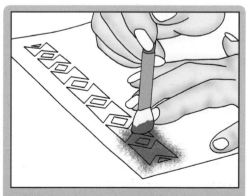

2 Con el pincel descargado comenzar a pincelar desde los bordes hacia adentro. Repetir la operación hasta lograr cubrir la zona deseada.

MATERIALES

- PLANTILLA
- PINCELES VIEJOS
- PINTURAS
- PAPEL PARA DESCARGAR

Consejo ✓

El pincel debe ser preferentemente viejo, de cerdas duras y cuanto más corto sea mejor será la aplicación de la técnica.

MATERIALES

- PLANTILLA
- PINTURA
- MUÑECAS
- PAPEL

Técnica con muñeca

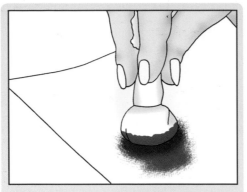

1 Preparar una muñeca con un poco de goma espuma. Mojar la muñeca en la pintura a elección y descargar el exceso en un papel.

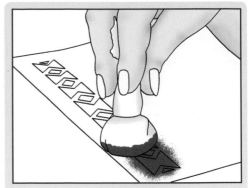

2 Comenzar desde el borde hacia el interior, con golpeteos, ponceando la muñeca sobre la superficie a decorar.

Técnica con enduido

La técnica con enduido no sólo le dará color al diseño, sino también una textura que dependerá del material que elija para su colocación.

MATERIALES

- PLANTILLA
- ENDUIDO
- LIJAS
- ESPÁTULA

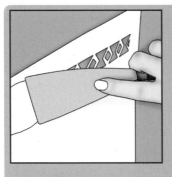

1 Con el esténcil colocado, pasar el enduido desde el borde hacia el interior en capas delgadas.

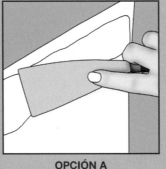

OPCIÓN A

Si desea que su diseño sólo adquiera volumen, una vez cargado el enduido y sin retirar el esténcil, pase la espátula para nivelar.

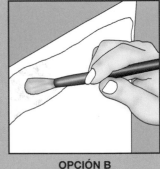

OPCIÓN B

Si por el contrario, desea que además de volumen también tenga textura, puede poncear la superficie con un pincel viejo.

✓ Consejo

El enduido puede ser coloreado en el momento de aplicarse con entonador universal. Aplicar unas gotas del color elegido; revolver bien hasta emparejar el color y luego aplicarlo normalmente.

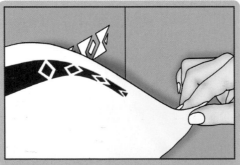

2 Una vez terminados los pasos anteriores, retirar el esténcil con el enduido aún húmedo y dejar secar.

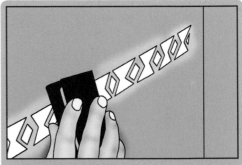

3 Lijar suavemente la zona con una lija fina, para que al tacto quede suave. Aunque haya sido texturado, siempre deberá pasar un poco de lija para poder darle la terminación con color.

Técnica découpage

Esta técnica es sumamente simple y muy divertida porque se pueden crear diseños muy interesantes y únicos partiendo de uno más simple.

Si bien en el mercado se venden diseños fabricados especialmente para esta técnica, también podemos usar otras alternativas, como por ejemplo, las servilletas de papel que vienen en variados y llamativos colores y dibujos.

Cuando trabaje con servilletas es importante que retire los papeles de la parte posterior de la misma, y recorte la figura con la que desee trabajar con mucho cuidado.

Antes de comenzar con la técnica, la superficie debe estar en buenas condiciones, libre de grasa y polvo.

MATERIALES

- RECORTES DE FIGURAS
- 2 PINCELES SUAVES
- SELLADOR FIJADOR

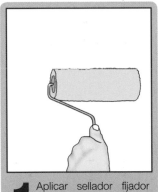

1 Aplicar sellador fijador sin diluir en el sector a decorar.

2 Apoyar la figura y, con un pincel suave y seco, pasarlo por la superficie para que adhiera en su totalidad.

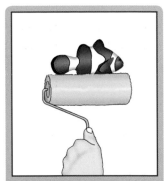

3 Volver a pasarle sellador fijador por encima de la figura para asegurar bien el pegado.

Técnica de esfumado

Es una técnica muy simple e ideal para usar en grandes superficies, aplicando una gama de colores de hasta tres tonos según la superficie a decorar. Se comienza con el color principal que se ubicará en el medio como color predominante, y luego a ambos extremos los otros dos tonos. La ubicación de estos, el más oscuro y el más claro, depende del efecto que desee lograr y de las características del cuarto a partir de estos principios básicos:

1 Los colores oscuros bajan los techos, es decir, que si estamos frente a una habitación de techos altos, podemos colocar el más oscuro en la parte superior.

2 Si por el contrario estamos en una habitación de techos estándares no tendremos inconveniente al colocar el color oscuro en la parte inferior.

Ésta es una técnica básica que según los colores elegidos puede quedar muy bien sola. También es apta para combinarla con alguna otra, como un detalle más para una terminación.

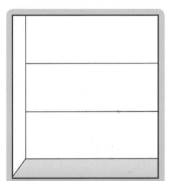

1 Dividir la pared en tres espacios para poder comenzar a aplicar la pintura.

2 Comenzando por la parte superior, colocar la pintura hasta las ¾ partes sin llegar al límite del centro.

3 Luego aplicar el color central siempre dejando un espacio en blanco entre la parte superior y la inferior.

MATERIALES

- TRES TONOS DE LA PINTURA ELEGIDA
- BROCHAS Y PINCELES
- BATEA

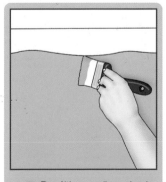

4 Por último, aplicar el color de la parte inferior, recordando dejar un espacio en blanco con el color vecino. Si la idea es llegar al blanco desde el tono más claro, también debe dejar un espacio en la parte inferior del último sector.

5 Una vez que están los tres colores plenos ubicados en cada franja, comenzar con la técnica del esfumado. Para lograr este efecto se deben aplicar los colores que limitan entre sí utilizando la técnica húmedo sobre húmedo, es decir, sin dejar secar aplicar pinceladas sucesivas mojando el pincel con el color principal y luego con el color vecino, e ir esfumando a medida que va avanzando en el proyecto hasta fundir los dos colores. De esta forma se logra una gama de colores intermedios entre franja y franja.

Colocación de molduras

Las molduras en la actualidad son el complemento ideal para una decoración, tanto en paredes como en terminaciones de muebles y puertas.

Muchas veces ocurre que tenemos una pared en excelente estado, pero estamos aburridos de verla, y realmente no hace falta ponerse en obra para darle un toque diferente. Las molduras les dan, tanto a muebles como a paredes, ese toque de elegancia que de otra manera nos sería difícil de lograr.

En el mercado se encuentran distintos tipos de molduras.

• **De poliestireno extruido**

(telgopor de alta densidad, para interior)

• **De poliuretano** (interior)

• **De poliuretano de alta densidad**

  (para exteriores)

Características técnicas
• Material no tóxico.
• No se dilata ni se contrae.
• Puede ser pintado con pinturas libres de solventes.
• Presentación en largos de 2 m.
• Amplia variedad de tamaños y diseños.

Preparación de la superficie

Siempre partimos de la base de que la pared se encuentra en perfecto estado, lisa, libre de polvo y grasa antes de comenzar a trabajar.

Colocación

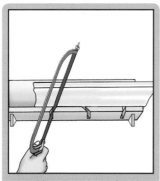

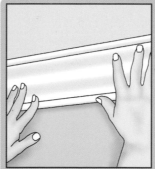

1 Una vez tomadas las medidas, cortar las molduras con un serrucho o sierra de dientes finos para no lastimar el material. Utilizar el inglete especial para molduras.

2 Aplicar luego abundante pegamento en el reverso de las molduras. Este sector está especialmente estriado para favorecer la adherencia del material.

3 Colocar en la pared o techo y presionar. Limpiar con una esponja húmeda.

MATERIALES

- INGLETE A 45°
- SIERRA FINA
- LIJA FINA
- ESPÁTULA PARA COLOCACIÓN DE ADHESIVO
- ESCALERA
- MOLDURAS
- ADHESIVO

✓ **Consejo**

Las imperfecciones de juntas se reparan con el mismo adhesivo.

Una vez seco el pegamento, se pueden pintar las molduras o no, según nuestro gusto y necesidades.

Albañilería
en casa

Introducción a la albañilería

Pensar en hacer nosotros mismos los arreglos en nuestro hogar muchas veces nos asusta, simplemente porque le tememos a lo desconocido.

Es un hecho que nadie nos dice cómo se prepara un pastón, y menos aún como se aplica. Esto sucede porque durante siglos, el oficio de la albañilería se transmitió de padres a hijos mediante el simple método de observación, viendo los hijos cómo sus padres hacían el trabajo.

Con este libro, un poco de paciencia y algo de práctica, todos podrán realizar esos arreglos, muchas veces, tan cotidianos en su casa. Como herramienta indispensable tenemos el sentido común, frase que habitualmente escuchamos, pero a la que casi nunca le prestamos atención. Si se guían por él, nunca van a equivocarse y podrán comprobar qué sencillo es el trabajo.

Aquí vamos a explicar cómo se preparan los diferentes tipos de morteros y todas las técnicas básicas, con algunos ejemplos de su aplicación y uso, para que les sirva de guía y, a partir de ahí, puedan aplicarlo como solución a su problema.

Las herramientas básicas que se necesitan, además de pocas, son muy económicas y nos van a servir en todos los trabajos que realicemos.

Antes de comprar cualquier herramienta, sobre todo cuando se trata de una inversión considerable ya sea en tamaño como en precio, debemos hacernos las siguientes preguntas: ¿para qué la voy a usar? ¿En muchos o en pocos trabajos? ¿Cómo la voy a usar? ¿Es fácil o difícil usarla? Si alguna de estas respuestas es negativa, debemos hacernos una tercera pregunta: ¿Qué poder de reventa tiene la herramienta? Si la respuesta es afirmativa, podemos pensar en hacer la inversión, caso contrario mejor abstenerse, porque existen otras alternativas como, por ejemplo, el alquiler.

El ejemplo más claro es el andamio: una herramienta muy útil si vamos a trabajar en altura sobre grandes superficies, como es el caso de la reparación de un frente; pero la realidad nos indica que es algo que sólo usaremos de tanto en tanto, sobre todo si el único fin del andamio es reparar el frente de nuestra casa.

 Es recomendable comenzar con arreglos sencillos, para ir tomando confianza con los materiales al igual que con las herramientas. A medida que vayamos superando obstáculos, podremos también ir incorporando herramientas a nuestro taller. De esta forma, y casi sin darnos cuenta, en menos de lo que pensamos, tendremos un taller completísimo y sin hacer una gran inversión en la primera etapa.

Herramientas
y materiales

Kit básico para encarar arreglos

Sin lugar a dudas, las herramientas más importantes y por lo tanto indispensables para encarar un arreglo son:

balde de albañil

cuchara

fratacho

Según la envergadura del proyecto, el listado podría seguir en orden de importancia con:

plomada

nivel de burbuja

Estas dos herramientas pueden ser reemplazadas entre sí, según la superficie en la que se trabajará, es decir, en una superficie vertical, por ejemplo una pared, podríamos usar cualquiera de las dos.

Si encaramos arreglos en una superficie horizontal, por ejemplo un piso, necesitaremos además:

nivel de burbuja

nivel de manguera

metro

pala

martillo

tenaza

Así podríamos seguir hasta completar la lista, cuanto más nos especialicemos en este tipo de tareas más herramientas vamos a necesitar.

Descripción y usos de las herramientas

Muchas veces ocurre que tenemos herramientas en casa, pero desconocemos para qué sirven y cómo se usan, y en el caso en que necesite comprar, con esta guía podrá saber con qué herramientas debe contar en su taller según el tipo de proyecto que esté por realizar.

Balde de albañil: recipiente de plástico, generalmente de color gris o negro, que se usa para cargar y transportar el material; también sirve como unidad de medida.

Cuchara de albañil: especie de cazo metálico con mango largo, generalmente de madera, que sirve para rellenar moldes u otras superficies cargándola con material semifluido. Existen diferentes medidas en el mercado, y su elección depende del tamaño de la mano y su uso específico. Por ejemplo, para trabajos de revoque conviene usar una cuchara de punta redonda, mientras que si trabaja en la colocación de revestimientos lo más indicado será usar una cuchara de punta triangular.

Fratacho (fratás): rectángulo de madera dura con mango en la parte superior y bordes biselados que se utiliza para la terminación del revoque grueso.

Nivel de burbuja: rectángulo habitualmente hecho de madera, con ampollas de vidrio rellenas con agua de color, generalmente en dos posiciones: una horizontal y otra vertical, muy usada para verificar la verticalidad u horizontalidad de un plano. El nivel de burbujas viene de diferentes largos, según el uso frecuente que se le dé. Un aficionado podría optar por un tamaño de 30 cm, que será útil para un sinfín de mediciones.

Nivel de manguera: manguera transparente que se llena con agua, para medir y trasladar niveles, sobre todo en grandes superficies.

Plomada: pesa de plomo u otro metal colgada de una cuerda, que se utiliza para señalar una línea vertical. La plomada, al igual que el nivel, viene en diferentes pesos. Cuanto más larga sea la plomada a verificar, más pesada deberá ser la herramienta.

Metro: es indispensable para tomar medidas; podemos optar por el de madera plegable o el que viene en cinta metálica retráctil.

Pala: instrumento formado por una plancha de hierro, de forma rectangular o redondeada, y un mango grueso cilíndrico de un largo adecuado según el uso a que se destine. Será necesaria solamente si vamos a preparar mezclas en grandes cantidades.

Maza: instrumento de madera y hierro, con forma rectangular en uno de sus extremos, con mango de madera en el otro. Usado para golpear o como complemento de otra herramienta.

Tenaza: instrumento de metal formado por dos brazos cruzados, que pueden separarse o unirse a voluntad. Esta herramienta se utiliza para retirar clavos, atar alambre y también para partir cerámicos.

Cortafrío (cortafierro): barra metálica de unos 20 ó 30 cm, con la punta acerada y recta de doble bisel, que actúa a golpe de martillo. Cincel fuerte para cortar metales en frío a golpes de martillo.

Cincel: herramienta para trozar o recortar piezas metálicas o de piedra. Muy utilizada para desprender material de mampostería junto con la maza.

Zaranda: pieza rectangular, generalmente su estructura es de madera y su base es una malla metálica. Se usa para limpiar la arena.

Fratacho con fieltro: rectángulo de madera o plástico con mango en la parte superior y fieltro o goma espuma en la inferior. Se utiliza para dar mejor terminación al revoque fino.

| maza y cortafrío | fratacho con fieltro | zaranda |

Cuáles son los materiales que se usan en albañilería

Ya sabemos cuáles son las herramientas y para qué sirven. Ahora vamos a explicar con qué materiales las vamos a usar.

Para todos los trabajos de albañilería, desde el trabajo más simple, como por ejemplo amurar una fijación (rellenar con cemento un tarugo o clavo), hasta construir un edificio, se usa cemento, arena y cal. Estos tres materiales se manipulan con pala, balde y cuchara. Luego se utilizan el hierro y los ladrillos y para estos materiales se usan: la maza, el cortafrío y la cuchara.

Todos estos materiales por separado no significan nada, pero al ir uniéndolos entre sí, podremos formar cosas increíblemente prácticas y económicas.

Observen, si pueden, la obra de Páez Vilaró, "Casapueblo" en Punta Ballena, Uruguay. Casi todo está hecho en mampostería: mesa, bancos, sillones, etc. El artista aprovechó al máximo todos estos materiales tan nobles. Vale la pena ensuciarse un poco y convivir por algún tiempo con ese molesto polvillo de obra, ya que, además de poder arreglar nuestra casa, podemos transformarnos en verdaderos artistas, creando nuestro propio estilo con los mismos materiales que nuestros abuelos construyeron sus hogares.

Descripción y usos de los materiales

Arena

Roca sedimentaria incoherente constituida por fragmentos minerales de tamaño comprendido entre 2 y 1/16 mm.

La arena gruesa se utiliza con otro árido de un grano más grueso, como por ejemplo la gravilla, para trabajos de hormigón.

Cuanto más fino sea el grano del árido, su aplicación servirá mejor para trabajos con más detalle, como por ejemplo, las terminaciones de un revoque. Para el revoque fino se utiliza arena fina y limpia.

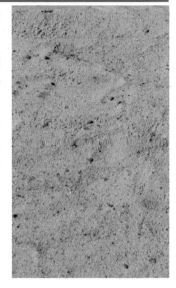

Cemento

Material de construcción que, un vez hidratado, es capaz de endurecerse en contacto con el aire o con el agua y adquirir en un tiempo relativamente breve una elevada resistencia a la compresión.

Por la descripción hay que tener en cuenta que debemos tener mucho cuidado con su almacenamiento.

En el mercado existen varios tipos de cemento: por un lado el cemento gris, el tradicional, el que vemos habitualmente en las obras; el fragüe comienza una vez que hizo contacto con el agua.

Como otra variedad importante también existe el cemento fulminante que viene también en color gris, es el más tradicional y de color blanco; suele ser muy práctico para trabajar en un parche o amurando algo que va a quedar a la vista.

El cemento de color blanco tiene la ventaja de que luego será más sencillo disimular el trabajo por razones obvias, ya que es más fácil tapar algo de color blanco que de color gris.

Consejo ✓

Antes de usar el cemento rápido, tenga en cuenta lo siguiente: el cemento fulminante tiene la particularidad de que su fraguado es sumamente rápido, y por esto debe trabajarse en porciones chicas; y no excederse con el agua, ya que un exceso de la misma provocará una menor resistencia del material.

Cal

Óxido de calcio, sustancia blanca, cáustica y alcalina. Al contacto con el agua se hidrata o se apaga, hinchándose con desprendimiento de calor. Mezclada con arena y cemento forma el mortero.

Para los trabajos de albañilería se van a usar dos tipos de cales. Según el tipo de trabajo del que se trate, es el tipo de cal que se utilizará. Estos dos tipos son la cal común (hidráulica) y la cal fina (aérea).

Cal hidráulica

La cal común o hidráulica se utiliza en obra gruesa, como por ejemplo la unión de los ladrillos o el revoque grueso. Solidifica en presencia de aire o aun bajo el agua.

Cal aérea

Es la cal que necesita indefectiblemente aire para fraguar. Llamada cal fina se utiliza en trabajos de terminación, como por ejemplo, el revoque fino y, en algunos casos, para la colocación de pisos.

Hierro

Lo podemos encontrar en vigas o en varillas; es lo que le da firmeza a la estructura, se utiliza en contrapisos, lozas para techos, etc.

Ladrillo

Paralelepípedo rectangular de barro cocido usado en la construcción de muros y suelos. Hay de varios tamaños y diferentes tipos de terminación, macizos o huecos, para distintos tipos de trabajos. Los ladrillos nos van a servir para infinidad de usos: levantar un muro para separar dos habitaciones, las paredes que sostienen la mesada en la cocina, una pared con ladrillo a la vista, etc.

Tipos de ladrillos

Los ladrillos son bloques, que junto con los morteros, sirven para levantar muros.

Hace miles de años que los ladrillos se vienen usando en la construcción y podemos hacer con ellos los trabajos más diversos, terminaciones rústicas o de categoría. En cualquier caso, siempre vamos a utilizarlos.

En el mercado encontramos dos tipos de ladrillos: los huecos y los macizos. Los ladrillos huecos vienen en diferentes medidas, mientras que dentro de los macizos sólo hay dos tipos de la misma medida, unos rústicos, y otros de mejor terminación para trabajos como, por ejemplo, paredes de ladrillo a la vista.

Ladrillo común

Ladrillo vista

Ladrillo hueco para techo

Ladrillo hueco 2x3

Ladrillo hueco portante

Ladrillo hueco 3x3

Tipos de morteros

Se llama "mortero" a todas las mezclas de albañilería utilizadas para los distintos trabajos.

Otro nombre escuchado frecuentemente es el "pastón". Esta denominación se utiliza, cuando se preparan grandes cantidades de material. Habitualmente el pastón se realiza en el piso o con una máquina especial llamada hormigonera. Cuando las cantidades que se van a trabajar se pueden hacer en un balde, directamente se dice "preparar un poco de mezcla".

El mortero más usado en albañilería es el grueso, que como su nombre lo indica, se utiliza para todos los trabajos gruesos; luego está el fino, para la terminación de revoques también para la colocación de pisos; el hidrófugo que se usa para la impermeabilización; y, finalmente, el concreto utilizado principalmente para amurar.

Mezcla para un revoque grueso

Esta mezcla se usa para unir los ladrillos, para hacer el revoque grueso y también para rellenar canaletas.

MATERIALES
PARA REVOQUE GRUESO

- 3 PARTES DE ARENA GRUESA
- 1 PARTE DE CAL COMÚN
- 1/8 DE CEMENTO
- AGUA CANTIDAD NECESARIA

✓ **Consejo**

Para el caso del revoque fino, debe reemplazarse la parte de cal común por cal aérea, y la arena debe pasarse por una zaranda.

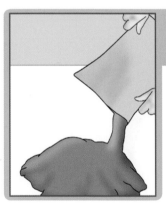

1 Colocar primero la arena, la cal y el cemento formando un montículo.

2 Con la pala levantar porciones de material e ir moviéndola de lado para que éste caiga en forma de lluvia. Realizar este movimiento para juntar material de diferentes posiciones hasta ver un color homogéneo.

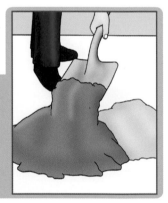

3 Acomodar el material otra vez formando un montículo y realizar un hueco en el medio clavando la pala en el centro y rotándola hasta formar un hueco.

4 Volcar agua en el hueco con la ayuda del balde, poco a poco para evitar poner agua de más. Con la pala ir tirando el material seco en el centro del hueco, cuidando que el agua no salga por los costados y hasta que el líquido se absorba por completo.

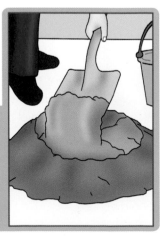

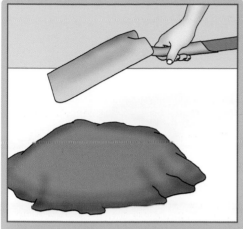

5 Con la pala levantar porciones de material y azotarlo contra la misma mezcla hasta lograr que toda la preparación tenga la misma humedad.

6 Acomodar nuevamente el material y realizar el siguiente movimiento: parado de frente al pastón, clavar la pala mirando hacia abajo y realizando un movimiento de arrastre, levantar y bajar la pala a medida que se va acercando a su cuerpo.

Consejo ✓

Si se observa que le falta agua a la mezcla, volver a realizar el hueco y volcar más agua repitiendo los pasos mencionados.

La mezcla debe quedar de un color homogéneo. Se puede verificar que esté lista para ser usada apoyando el dedo, éste no debe hundirse demasiado, pero al mismo tiempo debe dejar la huella en el pastón y salir sin material adherido.

Otra forma de verificar la mezcla es:

1 Levantar con la cuchara un poco de material.

2 Debe desprenderse de la cuchara sin dejar material adherido a la misma.

Cuando se trabaja en climas muy calurosos, para retardar el fraguado se puede agregar hielo triturado en el agua al preparar el mortero.

Cómo obtener un mortero más cremoso

Para lograr un mortero más cremoso, puede prepararse la arena y la cal el día anterior. Se procede de igual manera que para mezclar los materiales y luego se incorpora el agua. Se amasa bien el pastón, y se deja tapado con polietileno.

Al día siguiente, antes de utilizar la mezcla, se incorpora el cemento en la proporción adecuada.

Obtendremos un mortero más cremoso cuya ventaja es que trabajar con él será mucho más fácil.

Cómo se prepara la mezcla para el concreto y el hidrófugo

Otra mezcla que se utiliza con bastante frecuencia es el concreto, utilizado para amurar caños y aberturas, y en general para la mayoría de las fijaciones.

MATERIALES

- 3 PARTES DE CEMENTO
- 1 PARTE DE ARENA
- AGUA, CANTIDAD NECESARIA
- HIDROFUGO, CANTIDAD NECESARIA

1 Colocar la arena y el cemento formando un montículo.

2 Con la pala levantar porciones de material e ir moviéndola de lado para que éste caiga en forma de lluvia. Realizar este movimiento juntando material de diferentes posiciones hasta ver un color homogéneo.

3 Acomodar el material nuevamente formando un montículo y realizar un hueco en el medio de la siguiente torma: clavar la pala en el centro y rotarla hasta formar un hueco.

4 Volcar agua del balde en el hueco. Realizar este proceso poco a poco para evitar el exceso de agua. Con la ayuda de la pala ir tirando el material seco en el centro del hueco, cuidando que el agua no salga por los costados, y hasta lograr que el líquido se absorba por completo.

5 Con la pala levantar porciones de material y azotarlo contra la misma mezcla hasta lograr que toda la preparación tenga la misma humedad.

6 Acomodar nuevamente el material con la pala y realizar el siguiente movimiento: parado de frente al pastón, clavar la pala mirando hacia abajo y realizar un movimiento de arrastre, levantándola y bajándola a medida que se va acercando al cuerpo.

✓ Consejo

Puede ocurrir que las cantidades de concreto que se necesiten no excedan la cantidad de un balde, por lo tanto se puede preparar en él la mezcla, respetado las cantidades y el proceso de preparación.

HIDRÓFUGO

En caso de que necesite impermeabilizar algún muro o suelo, deberá preparar una mezcla hidrófuga, que se prepara igual que el concreto; con la única salvedad de que las proporciones de agua son reemplazadas por material hidrófugo. Es importante que siempre lea las indicaciones del fabricante.

Dónde preparar las mezclas

Si va a usar poca cantidad puede realizar la mezcla directamente en el balde y, como unidad de medida usar la cuchara, siempre que respetemos las proporciones y el proceso. Si lo que necesita es una cantidad considerable, la mejor opción es el piso; de no contar con un lugar adecuado para esta tarea, hay dos posibilidades: una es comprar una batea, es decir, una especie de palangana gigante, que la puede encontrar en los supermercados de materiales. Otra opción más casera es colocar un plástico en el lugar en que se va a preparar la mezcla y así proteger la superficie. Si lo que se necesita es preparar mucha cantidad de material, lo más aconsejable es comprar una hormigonera, que tiene un excelente poder de reventa, ya que es muy apreciada por los trabajadores del gremio.

Cómo limpiar una hormigonera

Como cualquier herramienta, es importante el mantenimiento. Todos los días después de haber preparado la mezcla y antes de que termine la jornada laboral, debe hacerle una buena limpieza

1 Vaciar bien la hormigonera tratando de que no queden restos de material adheridos a las paredes o a las paletas.

2 Luego, y en funcionamiento, agregar algunos cascotes medianos y chicos. El golpeteo de los cascotes desprenderá cualquier material que haya quedado adherido.

3 Agregarle un poco de agua para aflojar el material que se haya secado, apagar la máquina y volcar.

4 En posición de volcado, manguerear con agua por dentro.

Forma de aplicación

Podría decirse que la forma de aplicación para estos tres casos es casi la misma, la variante se encuentra en cómo se termina el trabajo.

Azotado del material grueso

El material grueso es el más usado en albañilería, por lo que aprender a preparar la mezcla y cómo aplicarla nos va a solucionar un sinfín de arreglos de manera muy sencilla. El tiempo de cada trabajo se irá acortando a medida que vaya adquiriendo experiencia. Un truco para lograr experiencia más rápidamente es practicar cómo azotar el revoque.

Para esto puede prepararse un mortero sólo con cal y arena en las mismas proporciones que se indica para el revoque grueso, sin el agregado de cemento. Esta mezcla puede utilizarse cuantas veces se necesite, sólo debe hidratarla cuando se encuentre seca y volver a mezclar.

Una vez que se sienta listo para hacer el trabajo puede incorporar el cemento en la proporción indicada y ya estará la mezcla lista para usar.

Recomendaciones previas

El primer paso es preparar la mezcla como se indicó anteriormente, recuerde siempre humedecer la zona en la que se aplicará el material. Una vez realizados estos dos pasos previos, es importante también que tenga en cuenta estos datos que se detallan a continuación:

Recuerde que en los trabajos de albañilería ambas superficies de contacto deben estar húmedas, tanto la mezcla como la superficie en la que se va a trabajar; de otra forma la humedad del material será absorbida por el muro y no tendrá la adherencia adecuada. Las herramientas con las que se trabaja también deben estar húmedas. Cuando esté trabajando con el fratacho, páselo por agua a medida que avance en el alisando del revoque, para que la arenilla que se desprenda en este proceso no arruine el alisado.

¿Cómo saber si la consistencia del mortero es la correcta? El material tiene que desprenderse de la cuchara con un golpe seco. Si tiene exceso de cal, el material se empastará y quedará pegado parte de él en la cuchara. Si tiene exceso de arena, los materiales no se unirán y se desgranará fácilmente. Si tiene exceso de agua, el mortero perderá sus propiedades, como por ejemplo, la resistencia.

¿Qué hacer si me excedí en el agua? Cuando sólo necesite un balde de material y se haya excedido un poco con el agua, debe agregarle un ladrillo común seco al balde; éste absorberá todo el líquido excedente como una esponja. Cuando esté trabajando en cantidades más grandes, corrija el problema agregando más material, siempre respetando las proporciones.

Recuerde llenar el balde sólo hasta las ¾ partes por dos motivos importantes: el primero es cuidar la espalda no levantando excesos de peso. En el caso de que las ¾ partes fuera mucho para usted, puede llenarlo hasta la mitad, pero recuerde que nunca debe llenarlo hasta el tope. El segundo motivo importante es la aplicación. Para esta tarea, debe apoyar e inclinar el balde sobre una de sus piernas. Si el balde estuviera lleno, se le volcaría parte del material.

¿Qué hacer con el material que se cae? Es habitual que se caiga material al piso porque no adhirió, porque estuvo lento en los movimientos con la cuchara o al alisar con la regla; etc. Por esto, para no desperdiciar material, es importante que el lugar de trabajo se encuentre limpio. De esta forma se asegurará que si se le cae material al piso podrá volver a utilizarlo.

Sobrantes de material: en el caso de haber preparado material en exceso, debe tirarlo en bolsas de escombros. Siempre y cuando la cantidad no sea mucha, puede disponer de ella como lo hace con los residuos domiciliarios. Es conveniente contactarse con la empresa recolectora, porque normalmente suelen contar con un servicio especial de recolección de escombros.

La posición correcta y los movimientos adecuados

1 La posición correcta es pararse frente al muro ¾ de perfil con el balde apoyado en la pierna izquierda, levemente levantada y apoyada sobre los dedos de los pies, sosteniendo el balde con la mano izquierda y la cuchara con la derecha.

2 Con la mano derecha, que sostiene la cuchara, realice un movimiento de afuera hacia adentro del balde para cargar la cuchara. Ésta deberá estar cargada sólo en la mitad de la superficie.

3 Con la cuchara cargada de material, y en posición paralela a la pared, con un movimiento rápido y seco, aplicar la mezcla a la pared. Repita este paso tantas veces como sea necesario hasta rellenar el espacio deseado.

4 Con la regla empareje el material. Apoye la regla en la parte inferior sosteniéndola con las dos manos, y con movimientos en zigzag vaya desplazando hacia arriba. Los excedentes de material se volverán a incorporar a la mezcla que tiene en el balde.

5 Termine de cargar si es necesario, con la cuchara, esta vez con menos cantidad de material. Tenga en cuenta que ahora la superficie por rellenar es menor.

6 Termine de emparejar con el fratacho previamente humedecido y con movimientos circulares.

Qué es una aislación hidrófuga

Una aislación hidrófuga debe considerarse a una sola y continua capa de material aislante que cubre una superficie determinada.

Imagínese encerrar en una bolsa de polietileno un objeto cualquiera, sellar su extremo y tirarlo en un recipiente lleno de agua. Si el polietileno no tiene ningún agujero, por pequeño que sea, el objeto nunca se mojará. Tenga presente esta imagen cuando esté usando material hidrófugo.

Dónde aplicar el material hidrófugo

Cuando se habla de impermeabilizar, lo primero que se piensa es en un material que impida el paso del agua. Los casos típicos de humedad son:

1 **La lluvia:** de no contar con una buena impermeabilización, seguramente tendrá filtraciones, por lo tanto deberá impermeabilizar techos y muros exteriores.

2 **La humedad de cimientos:** deberá impermeabilizar suelos y muros interiores.

En conclusión, una buena aislación hidrófuga se debe hacer en todos aquellos muros y suelos por los que pasen cañerías de agua, especialmente en baños o muros que den al exterior y techos.

Si bien es cierto que en el mercado existe una cantidad bastante extensa de productos para la humedad, en este punto nos ocuparemos sólo del mortero hidrófugo.

Superficies donde podemos aplicarlo: las capas aisladoras, horizontal y vertical, nos permite crear una excelente barrera contra la humedad. La capa aisladora horizontal se hace en coincidencia con las dos primeras hiladas a nivel del suelo, sobre los contrapisos, en una sola capa. También para la protección de todo local total o parcialmente ubicado bajo nivel del suelo, como por ejemplo los sótanos.

Sugerencias para tener en cuenta

• Utilizar agua limpia.

• Utilizar siempre arena limpia y de ser posible seca.

• Si el material hidrófugo se va a aplicar sobre un contrapiso, éste debe estar libre de polvo y bien humedecido.

• Si el trabajo se va a realizar en el exterior, además debe proteger la capa aislada de los rayos del sol para evitar que se queme.

✓ Consejo

Nunca use cal ni cemento de albañilería para las preparaciones (morteros) hidrófugas. Los morteros de cemento o cal deben aplicarse inmediatamente después de colocada la capa aisladora, ya que una vez que ésta fragüe, dichos morteros no se adherirán a la superficie aislada.

Cómo preparar el hidrófugo

Para el hidrófugo, la mezcla base es la misma que la del concreto, *3 partes de arena con 1 parte de cemento*. Estos dos materiales se mezclan en seco, para luego agregarle el hidrófugo. Según la marca deberán seguirse las indicaciones del fabricante.

Como regla general, normalmente se debe diluir con agua, ya sea que compre un hidrófugo en pasta o líquido; a la mezcla de arena y cemento se le adiciona este último material. Se vuelve a mezclar hasta obtener una pasta cremosa.

¿Cómo se aplica?

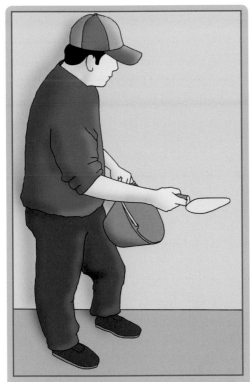

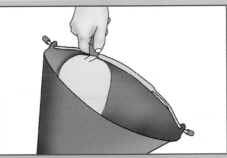

2 Con la mano derecha realizamos un movimiento de afuera hacia adentro del balde para cargar la cuchara. Ésta deberá estar cargada sólo en la mitad de la superficie.

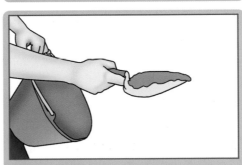

3 Con la cuchara cargada de material, y en posición paralela a la pared, con un movimiento rápido y seco, aplicamos la mezcla a la pared. Repetimos este paso hasta cubrir el espacio deseado y cuidando que quede una sola capa, sin agujeros o partes sin cubrir.

1 La posición correcta consiste en pararse frente al muro ¾ de perfil con el balde apoyado en la pierna izquierda, que estará levemente levantada, apoyando sobre los dedos de los pies; el balde sostenido por la mano izquierda y en la mano derecha, la cuchara.

MATERIALES
• CUCHARA DE ALBAÑIL
• CEMENTO
• ARENA
• HIDRÓFUGO
• AGUA
• BALDE DE ALBAÑIL

Como la capa aislante debe ser continua, puede ocurrir, por cualquier motivo, que no pudiéramos finalizar el trabajo en un mismo día, para eso debemos tener en cuenta lo siguiente:

 En las juntas de trabajo deben solaparse las diferentes capas.

 En las uniones, como por ejemplo entre dos muros o entre el suelo y el muro, se debe realizar una media caña con el mortero impermeabilizante para asegurarnos la continuidad de la capa.

Revoque fino

El revoque fino es una terminación muy usada en albañilería, tanto en interior como en exterior.

El revoque fino se utiliza para dar una mejor terminación, es decir, un acabado más prolijo a la obra. Este revoque tendrá un espesor aproximado de 0,5 cm y será la última capa que se aplicará al muro. Por tratarse de la última capa, debe ser aplicada sin imperfecciones y defectos.

Si desea un acabado más suave aún, una vez que está bien seco el material y antes de pintar, debe aplicarle unas capas de enduido.

Cuando los muros son terminados con un revoque fino, al revoque grueso debe pasarle un peine para que tenga mordiente la superficie y adhiera bien el material de la terminación. Para realizar este peinado puede utilizar una llana dentada como herramienta.

Es importante que cuando se aplique revoque fino, el revoque grueso, que le sirve de base, se moje con abundantemente cantidad de agua. En otras palabras, se debe hidratar muy bien el revoque grueso antes de aplicar el revoque fino. Por dos motivos: por un lado, para que no quite, por absorción, agua al fino; y por el otro, para prestarle al fino el agua que naturalmente se le evapora por tratarse de una capa delgada.

Proporciones para el preparado del revoque fino

Es importante saber dónde va a aplicarse el revoque fino, porque según la resistencia que se necesite será la proporción que utilicemos.

Materiales para preparar mezcla de revoque fino	
Para interiores	**Para exteriores**
2 ½ partes de arena fina 1 parte de cal aérea 1/8 de cemento	3 partes de arena fina 1 parte de cal aérea 1/8 de cemento

✔ Consejo

Para mezclar el material para el fino, se procede de la misma forma que se indicó en las páginas 94 y 95.

Cómo se aplica el revoque fino

1 Hidratar muy bien el muro donde se va a trabajar.

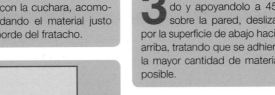

2 Luego cargar el fratacho con la cuchara, acomodando el material justo en el borde del fratacho.

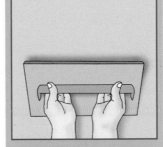

3 Con el fratacho cargado y apoyandolo a 45° sobre la pared, deslizar por la superficie de abajo hacia arriba, tratando que se adhiera la mayor cantidad de material posible.

4 Luego de haber adherido el material al muro, tomar el fratacho con fieltro, y mojarlo en agua con cal. Pasarlo por toda la superficie donde se colocó el mortero y, con movimientos circulares, alisar toda la mezcla hasta obtener una superficie muy pareja y lisa. Es importante mojar el fratacho cada vez que se observe que se ha secado.

MATERIALES

- BALDE DE ALBAÑIL
- CUCHARA DE ALBAÑIL
- FRATACHO
- FRATACHO CON FIELTRO
- MEZCLA PARA REVOQUE FINO
- AGUA CON CAL AÉREA

Consejo ✓

Para la preparación de la aguada con cal, sólo necesitará un balde con agua limpia a la que le incorporará la cal, hasta formar una mezcla homogénea.

Cómo se usa la plomada

Esta herramienta está compuesta por tres elementos: en un extremo una chapa cuadrada con un agujero en el medio; un cono de plomo en el otro y, en el medio uniendo ambas piezas, el hilo de albañil.

Para poder medir la verticalidad de un muro debe seguir los siguientes pasos:

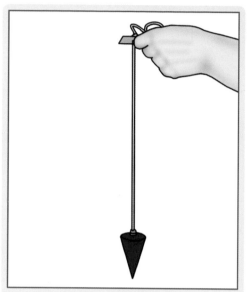

Apoyar la chapa cuadrada, por uno de sus bordes en la pared a verificar. Dejar balancear la plomada hasta que su propio peso la detenga.

Lectura de la plomada

A Si la plomada gira sobre sí misma y sólo un pequeño espacio la separa de la pared, esta pared está bien aplomada.

B Si la plomada gira sobre sí misma, pero está muy separada de la pared, ésta no está aplomada. Si miramos de costado, podremos ver o tener la sensación de que la pared se nos está cayendo encima.

C Si la plomada "duerme" sobre la pared, es decir, que está apoyada sobre el muro y no se mueve, tampoco está bien aplomada. Podría decirse que la pared se está cayendo para el otro lado.

El uso de la plomada es muy útil para los siguientes casos:

1 Cuando se va a realizar un revoque, para saber cuáles serán los espesores del material que se debe cargar, ya que el revoque grueso, además de una terminación, ayuda a corregir cualquier imperfección que pudiera haber quedado en la colocación de los ladrillos.

2 Lo mismo ocurre con la colocación de cerámicos. Es muy importante que, antes de la colocación de cerámicos en un muro, se verifique si está bien aplomado, ya que de no ser así, la diferencia será muy notoria una vez colocado el revestimiento.

3 En la colocación de aberturas siempre es indispensable el uso de la plomada. Una abertura bien colocada evitará futuros problemas, como, por ejemplo, que no cierre adecuadamente.

Proyectos
y soluciones

Contrapisos y carpetas

Antes de colocar un revestimiento en un piso, se trate de parquet, alfombra o cerámicas, se debe realizar un trabajo preliminar: hacer una carpeta.

El contrapiso y la carpeta deben estar nivelados, impermeabilizados y tener una resistencia adecuada. Si alguno de estos tres puntos no estuvieran correctamente realizados, podrían tener una repercusión negativa en el tiempo y nos obligarán a tener que hacer futuros arreglos. Por ejemplo, si el contrapiso no tuviera una resistencia adecuada, éste cedería y, por consiguiente, arrastraría también al revestimiento colocado sobre él. El fin del contrapiso es nivelar y dar las pendientes necesarias para cada caso. La carpeta tiene como función dar una terminación más prolija, lisa y pareja para la colocación del futuro revestimiento. Debe estar muy bien adherida al contrapiso y, como dijimos, ambos (contrapiso y carpeta) deben estar impermeabilizados.

La medida de los contrapisos varía según cada caso. Hay contrapisos de 10 cm y contrapisos de más de 30 cm.

En muchos casos, para el relleno del contrapiso también se utiliza cascote (ladrillo molido) y en otros casos, piedras.

Las pendientes deben ser medidas con un nivel de burbuja. Por cada metro lineal, la pendiente es de hasta un centímetro.

Aislación hidrófuga para contrapisos

Si el contrapiso se realiza en un terreno natural, se recomienda instalar entre el suelo y el contrapiso una película impermeable, como por ejemplo una película de polietileno de 150 micrones de espesor, que impida el paso de la humedad y el vapor de agua a la superficie (barrera de vapor). Con este trabajo se evita que la humedad y los vapores de agua se condensen en las capas superiores. Sin lugar a dudas, si realiza este trabajo, tendrá un ambiente seco y libre de humedad.

Si no pudiera hacer el trabajo anterior, también puede optar por una carpeta hidrófuga (ver aislación hidrófuga), y en el caso de que la superficie lleve revestimientos cerámicos, elegir un pegamento que tenga, además, la propiedad hidrófuga.

 Los problemas y defectos en los pisos terminados, en su gran mayoría, se deben a que el contrapiso y la carpeta estuvieron mal ejecutados.
Antes de colocar cualquier tipo de revestimientos, es muy importante dejar secar muy bien los materiales para evitar futuros problemas de humedad y falta de adherencia de los pegamentos.

Realización del contrapiso

La ejecución de un buen contrapiso es el secreto para que la terminación del piso quede impecable, sin importar el tipo de revestimiento que se elija.

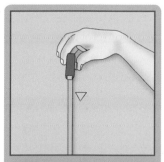

1 Tomar el metro patrón, que es la medida que servirá de guía para tener un contrapiso nivelado. Marcar en la pared, desde el nivel en que quedará el futuro piso, un metro hacia arriba y realizar la marca con un triángulo invertido (con la base hacia arriba). Ésta se tomará como "medida patrón".

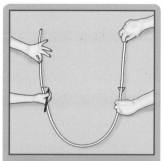

2 A partir del metro patrón y con la ayuda de un nivel de manguera, trasladar esta marca por todas las paredes y a distancias relativamente cerca una de otra, para poder posteriormente unirlas.

3 Hacer las marcas en el suelo. Esto se hace con la ayuda de ladrillos y/o pedazos de escombro para poder llegar al nivel. Éstos serán las guías debajo de cada marca en la pared. Colocar material en este pto. del suelo hasta llegar al nivel del futuro piso, es decir, desde ahí hasta la base del metro patrón, debe haber un metro de distancia.

MATERIALES
PARA EL CONTRAPISO

- METRO
- NIVEL DE MANGUERA
- NIVEL DE BURBUJA
- LÁPIZ
- REGLAS
- BALDE
- CUCHARA
- FRATACHO
- CASCOTE
- MATERIAL GRUESO

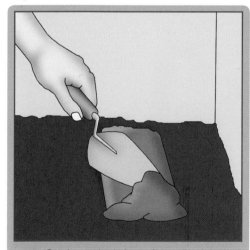

4 Con la ayuda de las guías realizadas en el paso anterior, el siguiente paso es unirlas para formar la faja guía, que es una línea de material, con el nivel de las guías en toda su longitud. Para esto debe colocar la mezcla y los cascotes entre dos guías, apoyando la regla entre ambas guías para verificar el mismo nivel en el rellenado de la faja. Alisar el material con el fratacho una vez colocado. Repetir este punto en el resto de las guías. Quedan de esta manera varias fajas paralelas entre sí.

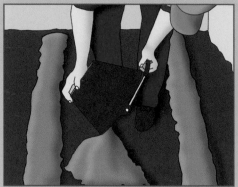

5 Con las fajas ya realizadas, rellenar los paños formados. Volcar el material alternando con cascotes o piedras, e ir emparejando con la ayuda de la regla que se apoya en las fajas. Con movimientos en zigzag, arrastrar el material excedente hasta el otro extremo.

6 Una vez rellenas las fajas, alisar el material con el fratacho. Esto debe hacerse cada vez que termine de rellenar una franja.

Con este proceso va a quedar nivelado el piso, pero hará falta una terminación más. Para esto debe realizarse la carpeta que tiene un espesor bastante más delgado, ya que su sólo fin es de terminación.

MATERIALES
PARA LA CARPETA

- REGLA
- BALDE
- CUCHARA
- FRATACHO
- CAÑOS DE LUZ
- MATERIAL PARA LA CARPETA

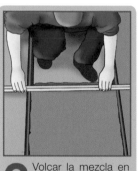

1 Ahora, las guías serán caños de luz, por tener la altura ideal para esto y ser muy rígidos. Ubicar los caños uno de cada lado y sostenerlos con un poco de mezcla en los extremos y en el centro para que no se muevan. Éstos serán removidos posteriormente, por lo tanto con dos caños, uno para cada lado, bastará.

2 Volcar la mezcla en un extremo y extender el material con la regla, hasta el lado opuesto.

3 Alisar la superficie con el fratacho haciendo movimientos circulares.

4 Retirar uno de los caños, rellenar el espacio y pasarle nuevamente el fratacho.

5 Volver a amurar el caño, formando otro paño con el que aún está colocado, y repetir la operación.

Repetir los pasos hasta terminar con la superficie, rellenando siempre el espacio que se dejó al retirar los caños.

Juntas de dilatación

La junta de dilatación sirve para que no se quiebre el material, al dilatarse y contraerse.

Para el exterior, se deben realizar juntas por cada 10 m^2 y para los ambientes interiores las juntas deben realizarse cada 30 m^2. La profundidad de la junta debe ser igual al doble del ancho de la misma.

> **Las juntas de dilatación siempre están.**
> **Aunque no se vean.**

Por ejemplo, en los ambientes interiores, las juntas se ocultan con los zócalos. Si éstos son removidos, se puede ver una separación entre la terminación del piso y el encuentro de la pared.

El relleno de las juntas, se debe hacer con algún material elástico. Hay productos en el mercado preparados para la colocación y son muy fáciles de aplicar.

Muchos de los problemas de humedad provienen de las juntas en mal estado. Por ello se debe realizar una inspección una vez al año y reparar aquellas que se encuentren en mal estado.

MATERIALES

- TIRAS PARA LA JUNTA DE MATERIAL ELÁSTICO (CANTIDAD DE METROS IGUALES A LOS METROS DE JUNTA PARA RELLENAR)
- PINCEL
- ESPÁTULA
- PALO DE MADERA
- PINTURA PARA IMPRIMACIÓN
- CEPILLO
- AGUARRÁS MINERAL
- GUANTES
- AGUA CALIENTE

✓ Consejo

Tenga en cuenta que para colocar las tiras, la pintura de imprimación debe estar pegajosa al tacto. En el caso que se hubiere secado, volver a repintar.

Colocación de la junta

Para la colocación de la junta se deben seguir tres procedimientos:

a) Preparación de la superficie

La superficie debe estar limpia, seca y libre de cualquier elemento extraño a la naturaleza de la construcción. Para este trabajo y según el tamaño de la superficie en donde se trabaje (grande o chica), puede optar por alguno de estos métodos de limpieza, en el caso que lo necesite: arenado, cepillado o uso de discos abrasivos.

b) Imprimación

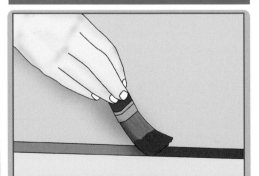

Usar una pintura asfáltica, leyendo las indicaciones del fabricante, se debe diluir 1:10 con aguarrás mineral. Con el pincel pintar todas las paredes de la junta.

c) Colocación de las tiras

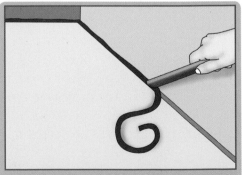

Retirar el envoltorio que protege las tiras a medida que va rellenando el espacio de la junta. Con el palo de madera, usando como palo de amasar, ir aplastando la tira. Con una espátula caliente, emprolijar los bordes.

Es importante que además siga los consejos que se detallan a continuación

 Se deberá contar con una batea con agua caliente para sumergir las herramientas y mantenerlas calientes para un mejor manejo del material. En el caso que las tiras estuvieran muy duras, se pueden colocar también en agua caliente para ablandarlas un poco y de esta forma trabajarlas mejor.

 La unión entre un tramo de tira y otro se realiza presionando muy bien ambos extremos.

 Por el tipo de material con el que se trabaja en estos casos, se recomienda hacerlo en temperaturas superiores a los 15 °.

 Si las juntas llegaran a estar en un lugar expuesto al tránsito, espolvorear arena sobre la misma, para evitar la pegajosidad.

 La limpieza de las herramientas utilizadas se debe realizar con aguarrás mineral.

Colocación de ladrillos

Los bloques de ladrillos siempre se colocan en forma trabada. La colocación no debe ser menor a ¼ de la longitud del mismo, y según el espesor del muro se elegirá cómo colocar los ladrillos.

Otra característica importante es que los ladrillos deben estar muy bien humectados. Para esto se deben mojar con abundante agua. En este libro en particular sólo vamos a hablar de paredes de 15 cm, por lo tanto sólo nos dedicaremos a los ladrillos huecos más usados y los ladrillos comunes.

Otro dato a destacar es que habitualmente la primer hilada de ladrillos se debe colocar sobre un mortero hidrófugo.

A la hora de cortar un ladrillo, a los más expertos les bastará con la cuchara, y con un golpe seco y certero logrará partirlo. También podemos recurrir a la maza y el cortafrío o podemos utilizar una sierra. Si poseemos una amoladora, también será una buena opción, claro que en este caso debemos tener en cuenta el polvo. Por eso es mejor que este trabajo se realice en un lugar abierto. Siempre recuerde utilizar elementos de seguridad, antiparras, guantes y un buen calzado.

a) Trabajos preliminares

Antes de comenzar con la colocación propia de los ladrillos se deben realizar algunos trabajos preliminares, como, por ejemplo, verificar que la superficie donde se va a levantar el muro esté nivelada. Caso contrario, rellenar con material (mortero).

b) Colocación del hilo guía

El hilo guía ayudará a mantener el mismo nivel en todo el largo del muro. Los ladrillos se colocarán haciendo coincidir su borde externo con el nivel del hilo.

MATERIALES

- DOS REGLAS
- HILO DE ALBAÑIL
- NIVEL DE BURBUJA
- METRO

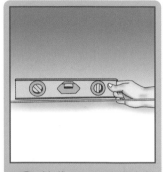

✓ Consejo

Una opción muy práctica para sujetar las reglas es usar las bolsas de arena, acomodándolas de tal modo que queden bien sujetas y firmes. Si posee un espacio donde sujetar los clavos de albañil, puede usarlos también.

1 Sujetar las reglas en ambos extremos de donde se vaya a levantar el muro. Las reglas deben estar bien aplomadas, ya que junto con el hilo servirán de guía para levantar un muro perfectamente vertical con una altura del mismo nivel.

2 Atar el hilo bien tirante a cada una de las reglas. La altura a la que se atará el hilo debe ser igual a la altura del ladrillo más 1,5 cm, que es el espesor que ocupará el material, es decir, que si el ladrillo tiene 5 cm de alto, el hilo se colocara a 6,5 cm.

3 Verificar con el nivel de burbuja que el hilo se encuentra exactamente al mismo nivel en toda su extensión. A medida que avance en la colocación de las hiladas, corra el hilo con la ayuda de un metro y del nivel de burbuja.

MATERIALES

- CUCHARA
- BALDE
- PLOMADA
- REGLAS
- NIVEL DE BURBUJA
- HILO DE ALBAÑIL
- MORTERO PARA COLOCACIÓN DE LADRILLOS

c) Colocación de la primera hilada

Para una mejor ayuda, y antes de colocar la primer hilada, es conveniente marcar en el suelo dónde van a ir los ladrillos con dos líneas paralelas (líneas de replanteo).

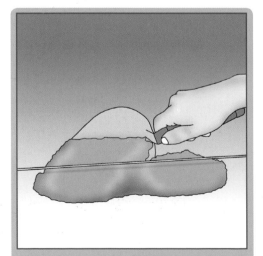
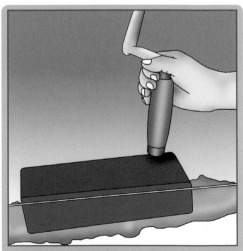

1 Sobre las líneas de replanteo, colocar el mortero donde asentarán los ladrillos de la primer hilada. El mortero que pegará los ladrillos debe tener un espesor de entre 3,5 y 4 cm.

2 Una vez colocado el mortero, el ladrillo se asienta presionando hacia abajo y de un lado al otro para lograr un buen encastre. Todo el material excedente se retira con la cuchara.

d) Colocación de la segunda hilada y siguientes hiladas de ladrillo

Para la colocación del resto de las hiladas debe repetir los siguientes pasos:

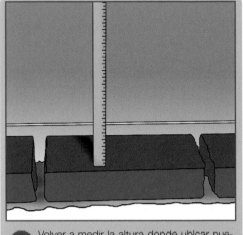

3 Volver a medir la altura donde ubicar nuevamente la posición del hilo guía.

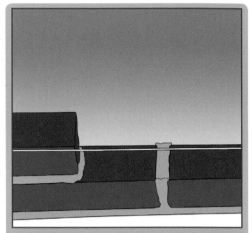

4 Volcar el mortero en la base de la hilada anterior y colocar los ladrillos en forma trabada, es decir, comenzando con medio ladrillo. Tener en cuenta que la próxima hilada comenzará con un ladrillo entero, y así sucesivamente hasta terminar con el alto deseado.

> ✓ **Consejo**
>
> Verificar cada 5 hiladas la verticalidad del muro con una plomada, ya que ambas caras del muro levantado deber estar planas y verticales.

Colocación de cerámicos

De todos los revestimientos que hay para elegir, tanto en pisos como en paredes, las cerámicas son uno de los materiales más empleados, por su durabilidad y por su fácil mantenimiento, además de contar con una gran variedad de tamaños y diseños.

Cuando llega el momento de la elección de los pisos, se deben tener presentes algunas consideraciones, como por ejemplo:

1 Si el lugar que se desea revestir es de alto tránsito.	**2** El mantenimiento y la limpieza diaria del lugar.	**3** El tiempo que desea que el revestimiento elegido perdure.

Los revestimientos de cerámicos para pisos son muy recomendables en superficies de alto tránsito, para lugares donde la limpieza se soluciona con un trapo húmedo, y son durables en el tiempo. Su colocación es de mediana dificultad según la superficie en la que se deba trabajar y el tipo de cerámico que elija: cuanto más cuadrada sea la superficie, el trabajo será mas fácil. Además deberá decidir, si los cerámicos serán chicos o grandes, si serán duros o blandos para el corte; en cualquiera de los casos, con las herramientas adecuadas el trabajo se hará más sencillo.

A continuación se detallan algunos consejos muy útiles para que su trabajo sea más fácil de realizar.

Cuanto más grande sea la baldosa más rápido terminará la colocación.

 Utilice separadores para la colocación; esto lo ayudará a mantener la junta siempre del mismo ancho.

 Trate de conseguir todas las herramientas, sobre todo de corte. Le simplificará mucho el trabajo y el tiempo de la colocación. Hoy en día se pueden alquilar las herramientas más caras.

 Tómese su tiempo y planifique bien la colocación. Comience colocando baldosas completas y deje los cortes para el final.

 No compre baldosas de inferior calidad aunque sean más baratas. Lo que ahorrará en dinero, lo gastará en el tiempo y la dificultad en la colocación.

Es infinita la variedad de pisos cerámicos existentes hoy en día en el mercado:

- Hay cerámicos de exterior y de interior.
- De alto y de mediano tránsito.
- Rústicos y pulidos.
- De colores, motivos y medidas varias.
- Gran variedad de guardas y molduras para decorarlos.

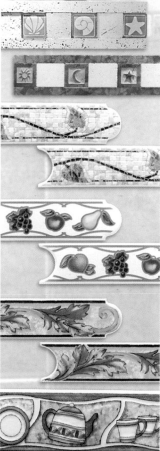

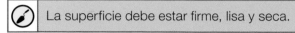

a) Trabajos preliminares

Antes de comenzar debemos tener presentes los siguientes puntos:

🖌	La superficie debe estar firme, lisa y seca.

ⓘ	No olvide, después de realizar el cálculo de los metros cuadrados, comprar entre un 10 y un 15 % más de material para recortes y reposiciones.

🖌	Calcular los zócalos, si éstos también van a ser de cerámicos.

🖌	Se recomienda que cuando se realicen cortes del cerámico, éstos queden en lugares poco visibles.

🖌	Mezclar las piezas de las diferentes cajas, antes de comenzar.

ⓘ	Verifique en las cajas de cerámicos que el destino que le dará sea apropiado según se especifica en cada una. La simbología usada es la misma para todas las marcas y corresponden al tipo de uso para el que son aptos esos cerámicos

TIPO	CLASE	USOS
✋	0	Exclusivamente para revestimientos de pared.
👟	2	Tránsito liviano: baños, dormitorios, estudios.
👞	3	Tránsito medio: cocinas, comedores de diario, living comedores, garajes.
👞	4	Tránsito alto: entradas de viviendas, galerías, comercios, pasillos, play rooms.
👞	5	Tránsito muy alto: supermercados, oficinas públicas, bancos, escuelas, shoppings.

🖌	Además, tenga en cuenta que todos los revestimientos para pisos pueden colocarse en paredes, pero no a la inversa.

🖌	Si la colocación es en interior, dejar un espacio de 5 mm entre el último cerámico y la pared, que luego se cubrirá con el zócalo. Esto permite que los materiales "trabajen" libremente (que contraigan y se dilaten sin peligro de rajaduras y roturas).

🖌	Si los cerámicos son rústicos o muy arcillosos, se recomienda mojarlos antes de la colocación.

🖌	Puede utilizar crucetas de alineación para asegurase de que las juntas sean todas iguales.

b) Colocación

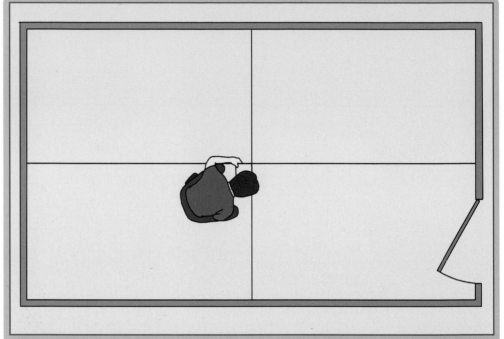

1 Es recomendable realizar la colocación de los cerámicos desde el centro del cuarto para que los recortes queden en los costados. Para esto realice dos líneas centrales perpendiculares entre sí. Desde el centro de esta figura comenzar con la colocación, usando como guía las perpendiculares trazadas previamente. Presente los cerámicos antes de comenzar la colocación para verificar de antemano dónde estarán los cortes.

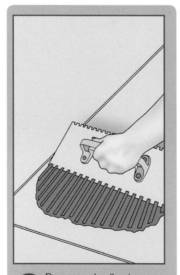

2 Preparar el adhesivo en el balde de albañil según las instrucciones del envase. Debe tener una consistencia cremosa. Colocar el adhesivo de a poco con la cuchara de albañil sobre el piso y extender con la llana dentada.

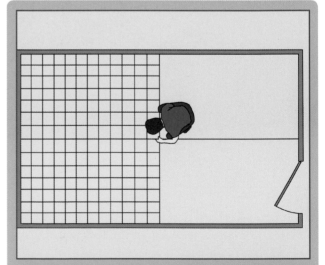

3 Los primeros sectores donde se colocará la cerámica son los dos cuartos traseros. Dejar para el final el cuadrante que coincida con la puerta de salida. Ir colocando las piezas de a una, desde la intersección de las perpendiculares avanzar hacia ambas rectas, presionándolas primero con la mano hasta acomodarlas.

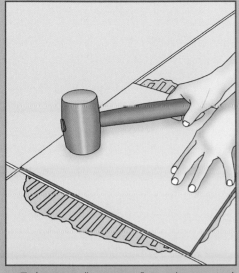

4 Luego aplicar pequeños golpes con el mango de la maza o, directamente, con maza de goma.

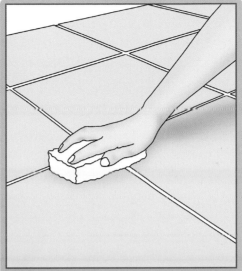

5 Mientras se colocan las piezas, se recomienda ir limpiándo el material excedente con trapo o esponja húmeda. Dejar secar el pegamento 1 ó 2 días y luego proceder a empastinar.

c) Empastinado de juntas

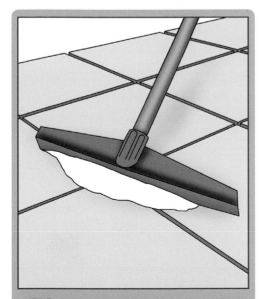

6 Preparar la pastina según las instrucciones del envase. Volcar la preparación sobre el piso y luego extender con secador, de manera tal que la pastina penetre en las juntas. Para esto, realizar movimientos en forma diagonal.

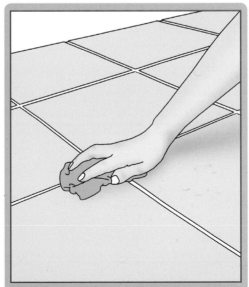

7 Retirar el excedente de pastina con trapo húmedo.

Renovación de pastina

Muchas veces en el baño y en la cocina, con el paso del tiempo y la humedad del ambiente, la junta del revestimiento comienza a deteriorarse, y esto hace que se desluzca todo el ambiente.

Con unos sencillos pasos y muy pocos materiales, podemos dejarlos como el primer día de su colocación.

MATERIALES

- SECADOR
- DESTORNILLADOR
- ESPÁTULA
- AGUA
- PASTA PARA RELLENAR JUNTAS
- ESPONJA

1 Realizar una limpieza de toda la superficie para retirar toda grasitud, moho y restos de polvo. Con un objeto punzante, que puede ser un destornillador, pasarlo por las juntas para retirar de esta manera toda la capa superficial del material de la junta. Una vez realizado esto, volver a limpiar para quitar el material excedente.

2 Preparar pasta para juntas del color que necesite. Esta pasta viene en varios colores y se consigue en las ferreterías. La proporción por cada parte de polvo debe ser una cuarta parte de agua. Con una espátula mezclar bien hasta formar una pasta homogénea.

3 Con un secador de piso, de tamaño pequeño y con la ayuda de la misma espátula, colocar la mezcla en el secador y pasar por toda la superficie a renovar.

Es conveniente que este paso se haga en superficies no mayores a un metro cuadrado, ya que el material fragua muy rápidamente. Por lo tanto, es conveniente atender estas dos recomendaciones: por un lado, trabajar en superficies pequeñas, y por el otro no preparar grandes cantidades de material.

✓ Consejo

Para el mantenimiento de los cerámicos, cada tanto puede mezclar algo de la pasta para juntas con kerosén. Pasar este preparado por toda la superficie y luego enjuagar muy bien con agua limpia. Recuerde ventilar el ambiente.

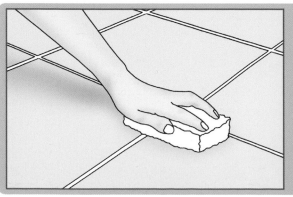

4 Después de pasar la primera carga de material, y antes de que fragüe totalmente, pasar una esponja por las juntas para retirar el exceso; al mismo tiempo ir limpiando el revestimiento.

Cambiar un cerámico roto

Cambiar un cerámico roto no implica una gran destreza manual y tampoco se precisan muchas herramientas; sólo se trata de tomarse un poco de tiempo, para poder seguir disfrutando de un revestimiento en perfecto estado.

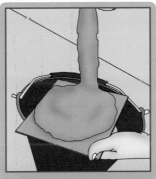

MATERIALES

- EL CERÁMICO PARA SU REEMPLAZO
- PEGAMENTO PARA CERÁMICOS
- PASTINA
- BALDE
- PIQUETA
- CUCHARA

1 Tomar la piqueta y romper el cerámico desde el centro hacia los bordes. Esto se realiza de esta forma para evitar romper los cerámicos de los costados. Luego de que se retiraron los pedazos más grandes, con la cuchara y con mucho cuidado retirar los más pequeños y limpiar toda la superficie raspando con el borde de la cuchara.

2 Humedecer el cerámico nuevo y preparar la mezcla según las indicaciones del fabricante. Colocar la mezcla sobre el cerámico dejando un hueco en el medio, para que, al presentar y acomodar el cerámico, se expanda bien la mezcla.

3 Luego de 24 horas, preparar la pastina siguiendo las indicaciones del fabricante y proceder a empastinar las juntas.

Eliminar y/o tapar una rajadura

Las rajaduras y/o grietas en las paredes, sobre todo las que no son estructurales, tienen fácil solución.

Con estos simples materiales y herramientas se puede solucionar este problema.

MATERIALES

- CEMENTO RÁPIDO (PRE-FERENTEMENTE COLOR BLANCO)
- ARENA
- AGUA
- ESPÁTULA
- RECIPIENTE PARA HACER LA MEZCLA

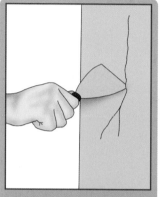

1 Con la espátula profundizar un poco más la grieta y humedecer la superficie que se va a reparar.

2 Preparar la mezcla de cemento y arena en partes iguales, y agregar agua poco a poco hasta lograr una consistencia homogénea.

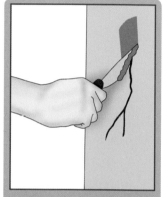

3 Colocar todo el material con la ayuda de la espátula, en la zona a reparar. Dejar secar y volver a pintar.

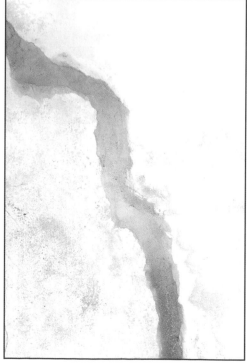

Tapar agujeros sin tener que enduir toda la pared

Cuando se trabaja sobre paredes rústicas (aquellas que no están terminadas al yeso), se usa enduido para alisar la superficie y generalmente se nota mucho el parche. Para disimularlo les recomiendo usar la mezcla de cemento rápido.

1 Con la espátula, terminar de desprender las partes flojas y luego humedecer la superficie que se va a reparar.

2 Preparar la mezcla de cemento y arena en igual proporción, y agregar agua hasta lograr una consistencia homogénea.

3 Colocar con cuidado todo el material en la zona afectada, con la ayuda de la espátula.

4 Humedecer el fratacho y pasarlo por la superficie reparada con movimientos circulares. Dejar secar y volver a pintar.

MATERIALES

- CEMENTO RÁPIDO (PREFERENTEMENTE COLOR BLANCO)
- ARENA
- AGUA
- ESPÁTULA
- FRATACHO
- RECIPIENTE PARA HACER LA MEZCLA

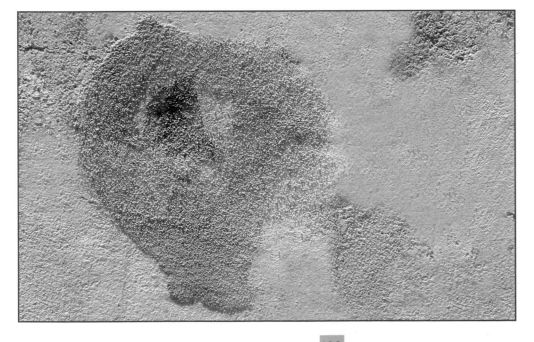

Plomería
en casa

Introducción a la plomería

¿Cuantas veces hemos escuchado la frase "El agua es vida"? Seguramente muchas, pero lamentablemente aún no hemos tomado conciencia de ello, y lo vemos a menudo, en la cantidad de agua que se desperdicia día a día. El agua es el componente más importante de nuestro planeta.

El 70 % de nuestro planeta está compuesto por agua, pero sólo una pequeña parte, el 1 %, es agua dulce, de fácil acceso para el consumo humano. La Organización Meteorológica Mundial (OMM) ha expresado que "el agua es vital para todo el sostenimiento de la Tierra y crucial para el desarrollo económico y social, inclusive la producción de energía, la agricultura y los abastecimientos de agua a los hogares y la industria y, por lo tanto, debe utilizarse en forma eficiente, equitativa y racional".

¿Qué es el agua potable? El agua potable es aquella adecuada para consumo humano y para todo uso doméstico habitual, incluida la higiene personal, según la Organización Mundial de la Salud (OMS).

Podemos observar cómo se derrocha agua potable, en estos dos ejemplos:

 Una canilla que gotea, desperdicia unos 45 litros de agua al día.

 Un depósito de inodoro, en mal funcionamiento con pérdida permanente, derrocha unos 4.500 litros de agua por día.

Si consideramos estos dos ejemplos, y multiplicándolos por la cantidad de hogares que hay en una sola ciudad, llegamos a una cantidad increíblemente alta de agua potable que es desperdiciada diariamente.

Si además de esto, tenemos en cuenta que el arreglo de estos dos desperfectos es sumamente sencillo, podríamos decir que es una verdadera picardía ver cómo literalmente se está yendo por el drenaje el agua potable.

Herramientas

Descripción y usos

Teniendo en cuenta esta breve introducción vamos a comenzar por describir las herramientas y materiales con los que debe contar para hacer reparaciones sencillas de plomería.

Destornilladores: sirven para aflojar y ajustar los tornillos que sujetan, por ejemplo, los volantes de las canillas.

Llaves regulables: dentro de esta categoría podemos encontrar los siguientes modelos:

- **Llave inglesa:** está compuesta por dos mordazas regulables, lisas o dentadas, y paralelas entre sí. Es muy práctica para tomar tuercas grandes.

- **Llave múltiple:** su uso se aplica fundamentalmente en lugares poco accesibles, como lavatorios, bidets, etc. Es una herramienta muy práctica porque su pico se puede girar 180º.

- **Llave francesa:** se ajusta por medio de una mordaza fija y otra móvil, cuya separación se regula con un tornillo sinfín estriado; su uso más frecuente es para ajustar y aflojar tuercas.

- **Llave grip:** la llave grip o pinza de fuerza se ajusta al tubo, sin necesidad de mantenerla apretada con la mano. Muy útil para los casos de tubos y tuercas estropeadas.

- **Pinza pico de loro:** es articulada y graduable en varias posiciones. Cuando se desplaza, su eje de unión gira por una ranura con muescas. Es una herramienta práctica para la sujeción de piezas.

Pinza universal: esta herramienta, a diferencia de las anteriores, no tiene apertura regulable y algunas de sus funciones son: sujetar cañerías de pequeño diámetro y también cortar alambres.

Llave fija: cumple la misma función que la llave francesa, sólo que esta herramienta viene en diferentes medidas, por lo tanto necesitará una llave para cada medida de tuerca.

Morza de banco: esta herramienta es adecuada para sujetar caños, para su corte o empalme.

Trípode: banco metálico portátil con tres patas regulables.

Terraja: herramienta metálica que aloja las piezas que sirven para labrar roscas en un cilindro.

Termofusora: herramienta que se utiliza para la unión de caños especialmente indicados para esto. Viene con boquillas especiales que se insertan en el extremo del caño, se ablandan por medio de temperatura, y luego se unen a la otra pieza, quedando fusionadas entre sí.

Cinta teflón: para colocar en las roscas y evitar que el agua se filtre por su unión.

Cáñamo: el aspecto es parecido al hilo sisal en hebras. Se utiliza junto con la grasa grafitada y sirve para lo mismo que la cinta teflón.

Grasa grafitada: se utiliza junto con el cáñamo.

Adhesivo para caños de pvc: se utiliza para sellar la unión de caños de pvc.

> **Los materiales del gremio de plomería son los menos estandarizados entre los gremios de la construcción. Por ello siempre se recomienda, cuando debe reemplazar alguna pieza, llevar la muestra para comprar la misma y no tener problemas en el recambio.**

Destornilladores

Llave francesa

Llave inglesa

Pinza pico de loro

Llaves fijas

Terraja

Llave grip o pinza de fuerza

Cinta teflón

Pinza universal

Las cañerías

En las instalaciones de agua, en lo que a cañerías se refiere, hay distintos materiales: de plomo, hierro, cobre, pvc y polipropileno, entre otros.

En la actualidad, las cañerías de plomo y hierro cayeron en desuso por dos motivos fundamentales. Por un lado, el material puede ser tóxico y, por otro, su alto grado de oxidación (acumulación de sarro en su interior) las hicieron poco prácticas.

Hoy en día, la mayoría de las instalaciones sanitarias están realizadas en polipropileno o pvc, de diferentes tipos y densidades, como las cañerías marrones, que son las más económicas y conocidas por el público en general, o las cañerías que vienen aptas para ser termofusionadas, que son más caras.

Las ventajas de estos materiales es que son fáciles de manipular, cortar, ensamblar e incluso reparar.

Consejos para tener en cuenta

 Para cortar un caño de pvc o de polipropileno, y que este corte quede todo a la misma altura, se debe marcar el perímetro completo. Con una sierra de dientes chicos practicar el corte. Una vez realizado, retirar todas las rebarbas que pudieren haber quedado con una lija fina.

 Los caños de polipropileno o pvc se pueden ensamblar haciendo roscas con la terraja, o por termofusión. Para este último caso, es imprescindible que el caño sea apto para este tipo de uniones.

 En zonas donde la temperatura es muy baja, para evitar que durante la noche se congele el caño de desagüe de las bachas, vierta un puñado de sal gruesa en la rejilla antes de irse a dormir.

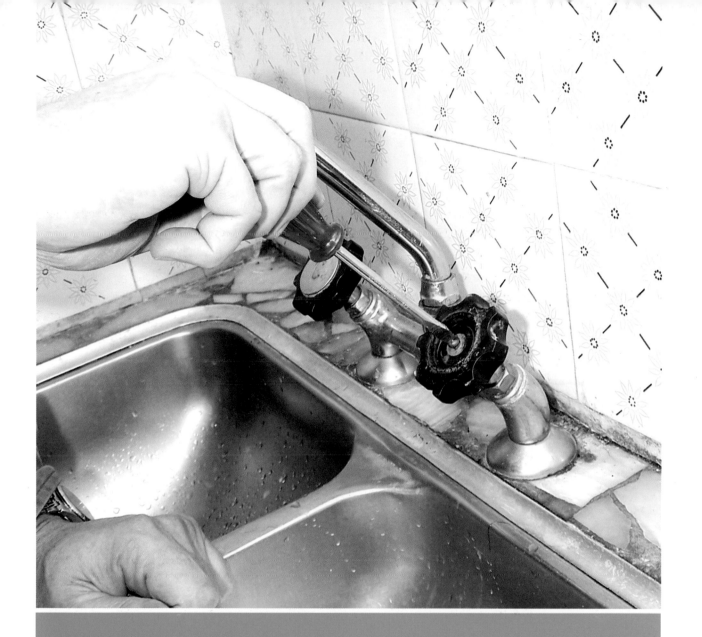

Proyectos
y soluciones

Parches de emergencia

Cuando se encuentre una pérdida, por más pequeña que sea, debe hacer la reparación lo antes posible, porque el agua puede generar grandes destrozos si no toma los recaudos necesarios a tiempo.

En primer lugar debe cortar la llave de paso para impedir que el agua siga circulando.

MATERIALES

- TRAPOS VARIOS PARA SECAR LA ZONA
- SECADOR DE PELO
- UN PEDAZO DE CAUCHO
- ALAMBRE O PRECINTOS

OPCIÓN 1: usar un pedazo de caucho

Las cámaras de bicicletas sirven para este tipo de trabajo, constituyen un parche para todos los tipos de caños que pueda encontrar.

✓ Consejo

Los arreglos provisorios deben ser reparados correctamente por un profesional, para evitarnos mayores daños en el lugar de la pérdida.

1 Secar bien el área afectada con un trapo y un secador de pelo asegurándose que quede totalmente seca la zona a reparar.

2 Cortar la cámara y envolver el caño, comenzando unos centímetros antes de la pérdida y finalizando unos centímetros después de la pérdida.

3 Luego atar un alambre o un par de precintos en ambos extremos para asegurar la goma al caño.

MATERIALES

- TRAPOS VARIOS PARA SECAR LA ZONA
- SECADOR DE PELO
- MASILLA DE DOS COMPONENTES
- LIJAS

OPCIÓN 2: usar masilla de dos componentes

Otra opción para el plomo o el hidrobronz es usar masilla de dos componentes de fraguado rápido. Siempre siga las recomendaciones del fabricante.

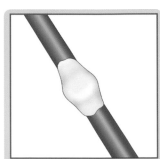

✓ Consejo

Es importante dejar secar muy bien la masilla antes de abrir la llave de paso, para no interferir con el fraguado de la misma.

1 Secar bien el área afectada con un trapo y un secador de pelo, asegurándose de que quede totalmente seca la zona a reparar.

2 Pasar la lija en caso de que haya oxidación para poder tener una mejor adherencia de la masilla.

3 Con masilla de dos componentes, reparar la zona debidamente y no volver a dar agua hasta que haya fraguado la masilla.

Si la perdida es en una cañería embutida, las opciones de emergencia serán las mismas, solo que deberá descubrir el caño, picando con un cortafrío hasta encontrarlo, y luego picar hasta hallar el sector donde está la pérdida.

Griferías: algunos consejos

Cuando hablamos de griferías, lo primero que podemos decir es que existe una gran cantidad de modelos para numerosas necesidades, desde canillas simples hasta de gran sofisticación y estilo.

Si bien todas parten del mismo principio, con un mecanismo de cierre y apertura para permitir o cortar el paso del flujo, cada modelo en el mercado tiene su característica particular. Como regla general siempre debe considerarse lo siguiente: cuando esté pensando en una reforma o en hacer una instalación nueva, es conveniente tener las griferías antes de hacer la instalación, porque como mencionamos al principio de este capítulo, el gremio de plomería es el menos estandarizado de todos los gremios de la construcción.

Las griferías estándares, es decir, todas aquellas que podemos reemplazar comúnmente son las de mesada, pileta, bidet y los cuadros de ducha. Con la que debemos tener cuidado en el momento de ser reemplazada es con las de pared, que habitualmente se encuentran en los lavaderos o cocinas.

En este caso, existen dos tipos de griferías: una fija, cuya distancia de salida de agua a salida de agua es de 18 cm y otra regulable, que su rango de apertura va desde 14 cm a 18 cm. Sin embargo, en las instalaciones nuevas prácticamente están descartadas, porque la opción más práctica, inclusive para su mantenimiento, son las de mesada.

Consejo ✓

Antes de reemplazar una grifería vieja de pared, primero tome la distancia que hay entre cada salida de agua. Ésta está ubicada en el lugar donde están los volantes.

Reemplazo de grifería de mesada

La instalación de una nueva grifería en una mesada es un proyecto sencillo, ya que toda la instalación, aunque no se vea a simple vista, es externa.

MATERIALES

- LLAVES FRANCESA
- PICO DE LORO Y BAJO PILETA
- GRIFERÍA NUEVA
- TEFLÓN
- PASTA SELLANTE

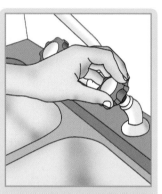

1 Cortar la llave de paso del sector donde se va a realizar el trabajo y abrir las canillas para sacar el agua que haya quedado acumulada en la cañería.

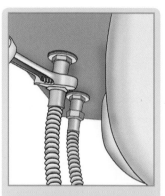

2 Retirar los flexibles. Primero desenroscando la conexión a la grifería y luego la salida de la pared.

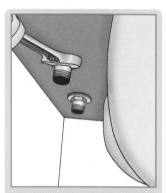

3 Sacar las tuercas de seguridad de las griferías que se encuentran en la parte inferior de la mesada.

✓ Consejo

En caso de tener pérdidas volver a ajustar las roscas 1/4 de vuelta más. Si esto no funciona, volver a cortar el agua y colocar más cinta teflón y pasta sellante en las uniones.

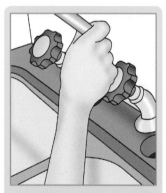

4 Retirar la grifería vieja por la parte superior de la mesada, armar y colocar la grifería nueva sellando la base con masilla y ajustar la tuerca de seguridad de la grifería por la parte inferior.

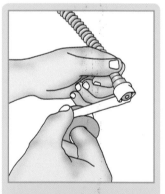

5 Colocar cinta teflón en las roscas macho y pasta sellante para evitar filtraciones de agua.

6 Conectar los flexibles, primero a la rosca de salida de agua que está en la pared y luego a la rosca de la grifería. Volver a abrir la llave de paso y verificar que no tenga pérdidas la conexión

¿Cómo mantener limpia la superficie de las griferías?

Para mantener impecable su juego de griferías, debe pasar por la superficie un paño con detergente o jabón neutro. Siempre evite usar productos abrasivos, porque rayarán la superficie.

Problemas frecuentes en las griferías

La reparación de las griferías en general es muy sencilla de realizar. El único inconveniente es que hasta no desarmar la pieza no podrá saber cuál es la causa.

Por este motivo, es importante realizar los trabajos de plomería en los horarios que se encuentran abiertos los negocios, para evitarnos inconvenientes innecesarios.

Siempre en la caja de herramientas debe haber: cinta teflón, masilla de dos componentes para reparaciones rápidas y cueritos (retén), además de las herramientas básicas como destornilladores y pinzas.

✓ Consejo

Antes de realizar cualquier arreglo de plomería siempre cerrar primero la llave de paso, y luego abrir todas las canillas para poder vaciar las cañerías del agua que haya quedado en ellas.

La canilla gotea por el pico

Seguramente hay que cambiar el cuerito (retén), pero puede suceder que cuando se desarme la pieza encuentre la rosca del vástago gastada, y tenga que cambiar esa pieza también.

Cambio de vástago y cuerito (retén)

El reemplazo del vástago o el cuerito es una tarea habitual para el mantenimiento de las griferías. Sin muchas herramientas y pocos materiales, podemos nosotros mismos hacer este tipo de reparaciones.

En el caso en que debamos reemplazar el vástago, que es la pieza interna de la canilla que sirve para abrir y cerrar el mecanismo del paso de agua, es recomendable llevar la pieza vieja al comprar el repuesto, ya que existen muchos modelos en el mercado. De este modo evitaremos numerosos inconvenientes.

MATERIALES

- LLAVES FRANCESA
- DESTORNILLADOR
- PINZA DE PUNTA
- CINTA TEFLÓN
- CUERITO

1 Cerrar la llave de paso y retirar la tapa del volante. Estas tapas indican qué tipo de canilla es, si de agua fría o caliente, con una letra o con los colores rojo y azul. Habitualmente está colocada a presión, aunque algunos modelos también vienen con rosca.

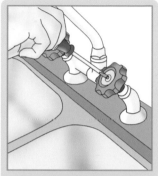

2 Desatornillar el tornillo que sujeta el volante al vástago y retirar el volante.

Desenroscar la campana, una pieza de decoración, que además cumple la función de tapar el vástago. Aflojarla primero con la pinza y luego terminar de desenroscarla a mano.

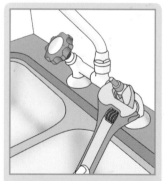

4 Con la ayuda de la pinza o llave francesa, aflojar la rosca del vástago y retirarlo. Puede ser que al hacer esto salga también el cuerito (retén), entonces retirar esta pieza también.

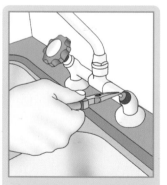

5 Puede ser que el cuerito (retén) quede en el asiento de la canilla, así que, con la pinza de punta retirarlo y reemplazarlo por la nueva pieza, insertándolo en el vástago.

6 Con cinta teflón, y siguiendo el sentido de la rosca, encintar el vástago (el teflón se puede reemplazar por cáñamo y grasa grafitada). Este proceso sirve para que la canilla no pierda por la rosca.

✓ Consejo

Tengan en cuenta que todo este proceso es igual, para cambiar el cuerito como la pieza del vástago; aunque para esta última es menos frecuente tener que reemplazarla.

Por último volver a armar la canilla en el sentido inverso a como se desarmó.

El volante gira en falso

La rosca del vástago está dañada y deberá cambiar la pieza. Para esto siga los pasos mencionados en el título anterior.

Pierde agua por el cuerpo de la canilla

Puede que le falte cinta teflón a las roscas. Deberá desarmar la canilla y volver a colocar cinta teflón en todas las roscas.

Pierde agua por la unión del pico móvil

Hay que cambiar la goma que va en esa unión. Desmontar la pieza e instalar la nueva goma, que se coloca a presión.

Para este caso la única herramienta necesaria será una pinza.

1 Cerrar la llave de paso.	2 Desenroscar con cuidado el pico de la canilla.	3 Colocar a presión la goma en la parte inferior. Volver a armar.

Más datos sobre las griferías

 Siempre que utilice pinzas para desajustar o ajustar partes de una grifería, es conveniente primero envolverlas en un trapo para que no se dañen.

 Si bien las roscas deben quedar firmes, éstas no deben ajustarse en forma excesiva. En caso de abrir la llave de paso y que hubiere pérdida de agua, ajustar un poco más con la llave inglesa.

 La cal puede obstruir el paso del agua, en flores de ducha, griferías y también afear las superficies. Se pueden limpiar con vinagre diluido en agua caliente, dejando las piezas afectadas en remojo durante 24 horas, luego secarlas con un trapo seco y limpio.

Llaves de paso

Es conveniente revisar periódicamente el buen funcionamiento de las llaves de paso, para que en alguna emergencia no sea sorprendido por un problema mayor.

Muchas veces no se les da la importancia necesaria hasta que aparece algún inconveniente. Es en ese momento cuando nos damos cuenta de su importancia y de que debemos ubicarlas tanto en la entrada principal de agua, como en sectores de baños, cocina y lavadero.

Es importante ubicar llaves de paso en éstos sectores de la casa, porque si tiene que hacer alguna reparación, por ejemplo, cambiar el retén en alguna canilla del baño, con cerrar la llave de paso del lugar será suficiente. Caso contrario, se quedará sin agua toda la casa, porque deberá cortarse la llave principal.

Problemas frecuentes con el inodoro

Dentro del baño, el artefacto que más problemas ocasiona es el inodoro.

Para poder realizar nosotros mismos este trabajo, desarrollamos un listado de todos los inconvenientes frecuentes y cómo hacer para repararlos, ya que en la mayoría de los casos lo único que se necesita es reemplazar las piezas desgastadas por nuevas.

Cada vez que se acciona la descarga el agua sube en vez de bajar: en algún lugar de la descarga se encuentra obturado el paso. Primero pruebe con una sopapa; si esto no funciona, llame al plomero.

Consejo ✓

Nunca tire residuos como papel, algodón o comida por el desagüe del inodoro.

Cambio de fuelle de inodoro

Cada vez que acciona la descarga sale agua por la parte de atrás del inodoro. Debe cambiar el fuelle que conecta el inodoro al depósito de agua.

El fuelle del inodoro es la conexión entre la descarga del depósito del baño y el inodoro. Muchas veces la goma se reseca y comienza a perder por las uniones cada vez que se hace la descarga.

Para su reemplazo, sólo necesita sacar el viejo y comprar uno nuevo con la muestra del fuelle que desea reemplazar.

MATERIALES
- ACEITE
- FUELLE NUEVO

1 Luego de retirar el fuelle viejo o roto, colocar grasa (o aceite de cocina) en el borde del caño de salida de la descarga del depósito del baño.

2 Colocar allí la parte de diámetro menor del fuelle, haciendo presión y girando al mismo tiempo para lograr que su calce sea firme y seguro.

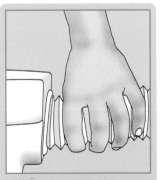

3 Una vez colocada la parte de atrás, ir hacia delante y volver a repetir los mismos movimientos que en el paso anterior, pero en este caso, en la entrada del inodoro.

Consejo ✓

Si al realizar la descarga verifica que pierde agua por las uniones, sellar las mismas con un sellador de siliconas.

Depósitos de inodoro

En el mercado se encuentran básicamente tres tipos de depósitos:

DEPÓSITO EMPOTRADO	DEPÓSITO MOCHILA	DEPÓSITO EXTERIOR
Es el más común. No se ve ya que está metido dentro de la pared.	Viene con el artefacto y, a diferencia de los otros, se debe prever el espacio que ocupa la mochila, es decir, hay que calcular el espacio que ocupa el inodoro más la mochila.	Es uno de los más antiguos, es de forma rectangular y va colocado en la parte superior. Para accionar la descarga se debe tirar de la cadena. En la actualidad, vienen en plástico, pero antiguamente eran de fundición.

 Antes de cambiar el depósito del inodoro, debe prestar atención a la ubicación del caño de agua que lo alimenta, si está arriba o abajo, ya que esto puede generar otro tipo de tareas, como la de modificar la salida del caño, con roturas de pared, reemplazo de cerámicos, etc.

Arreglos frecuentes en los depósitos

Después de accionar el botón de descarga, el agua sigue saliendo: deberá cambiar la boya de cierre.

Pérdida de agua permanente en el inodoro

Este problema es uno de los más habituales. El sistema de cierre es simplemente, un tapón en la parte inferior del depósito. En el mercado existen más de diez modelos diferentes entre los distintos tipos de depósitos, ya sean empotrados, de mochila o de mochila superior. Los que están empotrados en la pared, si bien son los más fáciles para cambiar, pues su sistema es el más simple de todos, son los más incómodos para trabajar. Los de mochila, si bien son los más accesibles y cómodos para trabajar, tiene cierto grado de complicación en la tarea.

Teniendo en cuenta que hay tantos modelos diferentes en el mercado, lo más conveniente es que cada vez que realice un trabajo de estas características, preste mucha atención al desarmado de las piezas, para poder volver a colocarlas en el mismo orden en que las sacó. Cuando compre siempre lleve la pieza que va a reemplazar para asegurarse de que el mecanismo sea el mismo.

Todas las boyas de cierre que tienen un caño para sujetar la parte inferior, que actúa como tapón en el agujero del obturador del depósito: éstas deben quedar dos centímetros más abajo que el nivel de la abertura del depósito. Esto se hace así para evitar filtraciones por el depósito. Si el mecanismo de corte de entrada de agua, por cualquier motivo dejara de funcionar, el agua se iría por el inodoro. Es importante que, cuando observe que el inodoro sigue perdiendo agua una vez realizada la descarga, arregle rápidamente este inconveniente para evitar derrochar el agua.

 Si el botón de descarga queda trabado, necesita ser lubricado. Realice una limpieza con una lija fina para retirar el óxido y el sarro acumulado.

Cómo cambiar la boya de cierre en un depósito empotrado

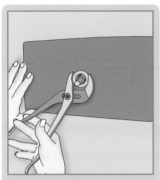

1 Cerrar la llave de paso. Retirar la rosca que sujeta la tapa del botón de descarga y retirar la tapa.

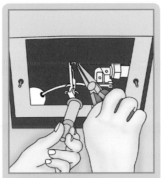

2 Con la ayuda de una pinza sacar la traba que sujeta la boya de cierre al botón de descarga.

3 Retirar la boya de cierre y comparar con la nueva. Es normal que al caño que sujeta la parte inferior del mecanismo haya que acortarlo, hasta alcanzar la misma medida en el que se va a reemplazar.

MATERIALES

- PINZA
- BOYA DE CIERRE NUEVA

4 Ubicar en el interior del depósito la boya nueva y sujetarla al botón de descarga con el alambre del extremo superior; verificar que el mecanismo funcione correctamente y no pierda agua. Caso contrario, realizar los ajustes necesarios.

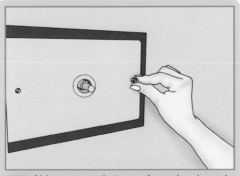

5 Volver a armar la tapa colocando primero la tapa de cemento, luego la de decoración y por último la tuerca de sujeción.

Problemas con la entrada de agua

El tanque se llenó y el agua sigue cargando: deberá cambiar el flotante, que es la válvula de cierre.

El sistema de apertura y cierre de agua en el depósito del inodoro posee además un mecanismo, para determinar el nivel de llenado del tanque. No es muy frecuente tener que hacer este tipo de arreglos, pero llegado el momento es importante saber:

La válvula que determina el nivel del agua en el depósito es un brazo, normalmente de metal, en cuyo extremo se encuentra una boya, que puede ser de telgopor o de plástico sellado. La ventaja de las de telgopor es que, al ser todas compactas y del mismo material, nunca se hunden; mientras que las de plástico transpiran y se llenan de agua, lo que produce que se hundan y modifiquen el nivel en el que se las había puesto.

También hay una variedad considerable de válvulas. Antiguamente se podían hacer dos tipos de conexiones: desde arriba (ya en desuso) y lateralmente, que son el tipo de instalaciones que aún se realizan en la actualidad.

Las válvulas comunes, más estándares, que todos podemos cambiar, son las tipo "insa". Poseen un tornillo en la parte superior para poder regular el que corte del agua, cuando se logra el nivel de llenado en el depósito del inodoro.

Para el resto de las válvulas se requiere de un plomero profesional.

Reemplazo de una válvula vieja

En el depósito de pared se pueden encontrar dos tipos de conexiones: la lateral y la conexión superior.

Esta última se conoce en el mercado con el nombre de "flumax" y debe reemplazarse por una igual.

Las conexiones de válvulas cuyo suministro de agua se encuentra en la parte lateral, son más sencillas, ya que puede reemplazarlas por cualquier modelo del mercado.

En ambos casos debe verificar el diámetro del caño de salida, porque en algunos casos aún se encuentran caños 3/8. Para esto existen adaptadores que aumentan la sección del diámetro a 1/2 pulgada. Otro dato a tener en cuenta es el tipo de rosca para hacer la conexión a la entrada de agua (si es macho o hembra).

Para reemplazar una válvula de cierre tipo "insa" en un depósito de pared empotrado siga los pasos siguientes:

1 Cerrar la llave de paso y desenroscar la tuerca que sujeta la tapa del depósito, que se encuentra alrededor del botón de descarga.

2 Retirar la tapa del depósito y desenganchar el botón de la boya de cierre.

3 Con pinza desenroscar la válvula de la conexión de salida de agua.

4 Pasar cinta teflón en la rosca macho y conectar la válvula a la salida de agua.

5 Abrir la llave de paso y regular el nivel de agua con el tornillo de la parte superior. Cuanto más adentro esté, menor nivel de agua va a llenar el tanque del depósito.

6 Volver a enganchar el botón de descarga con la boya de cierre, poner la tapa y ajustar la rosca que la sostiene.

Inodoro o bidet flojos

Si cada vez que acciona la descarga sale agua por el piso donde está ubicado el inodoro, debe volver a sellar las juntas con masilla.

Suele suceder que, luego de un tiempo de uso, tanto el bidet como el inodoro se aflojen, y si bien repararlo tiene varios pasos, la tarea es bastante simple. Sólo necesita unos pocos materiales.

El procedimiento es casi el mismo para ambos artefactos, pero el inodoro lleva algunos pasos más por el tipo de carga y descarga que tiene. Por eso, el paso a paso que se detalla a continuación es el del inodoro.

MATERIALES

- PINZA O DESTORNI-LLADOR, PARA AFLOJAR LOS TORNILLOS QUE SUJETAN A LA BASE
- PASTINA
- ARO DE GOMA, PARA LA BASE

1 Retirar el fuelle de la conexión de la pared.

2 Sacar los tornillos que sujetan a la base y retirar el inodoro (bidet).

3 Sacar los tarugos viejos y el aro de goma.

4 Rellenar los agujeros con palillos de madera. Puede usar escarbadientes o fósforos sin cabeza y volver a colocar tarugos nuevos número 8.

5 En el perímetro, donde apoya el inodoro (bidet), hacer un cordón con pastina preparada cremosa y colocar cuatro cuñas de madera en cuatro puntos equidistantes.

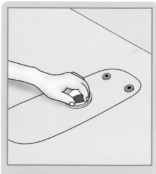

6 En el centro, base del inodoro, por donde se hace la descarga del mismo, reemplazar el aro de goma por uno nuevo.

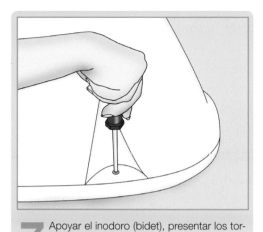

7 Apoyar el inodoro (bidet), presentar los tornillos, retirar las cuñas y ajustar los tornillos.

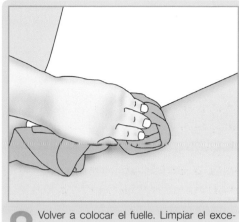

8 Volver a colocar el fuelle. Limpiar el excedente de pastina con un trapo húmedo.

> ⊘ Antes de usar deje secar 12 horas. Puede reemplazar el aro de goma por masilla para vidriero.

Tapa de inodoro

La tapa del inodoro puede ser un artículo de decoración dentro del baño. Su instalación es muy simple, ya que ni siquiera necesita herramientas para este trabajo.

Con la tapa de inodoro vienen todas las piezas necesarias para su instalación.

1 Enroscar las varillas en las torres hasta hacer tope. Las torres son las mismas que hacen de bisagras para el asiento y la tapa del inodoro.

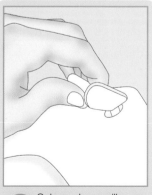

2 Colocar las varillas en los orificios de la parte posterior del artefacto.

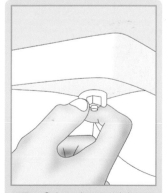

3 Colocar las arandelas en la parte inferior y finalmente la tuerca mariposa, ajustando hasta que quede firme.

Consejo ✓

Antes de comprar un asiento para inodoro, primero tome un molde en papel de la abertura del inodoro, porque existe una variedad muy amplia de modelos, y no todos los asientos van en todos los inodoros.

Flexibles

Los caños flexibles, hoy en día, se utilizan para hacer todas las co-nexiones de la cañería de agua a los distintos artefactos y/o griferías que tenemos en casa. Por eso es tan importante saber cuál usar en cada caso, y cómo realizar la conexión correctamente.

Si bien en el mercado hay diferentes modelos y tamaños, tanto en largo como en diá-metro de roscas, y tipos de materiales (metálicos, mayados y plásticos), los únicos que se recomiendan tanto para agua fría como caliente son los metálicos. El resto sólo son convenientes para agua fría.

Conexiones de flexibles

Para hacer las conexiones desde la salida del agua hasta el artefacto, ya sea un calefón, o una grifería, la opción más práctica es usar flexibles. Uno de los motivos es que no necesita comprar la medida exacta, y por otro lado al tener una de sus roscas libres, el manejo para la instalación es mucho más fácil. La forma de conectar un flexible es enroscar el extremo fijo a la salida del caño de agua y en el otro extremo, la rosca móvil a la alimentación del artefacto.

Instalación de un flexible

Antes de comenzar a trabajar es importante recordar que los flexibles, como ya se había mencionado, vienen en distintos modelos y tamaños.

Las roscas pueden ser ambas giratorias, una macho y otra hembra; o una fija, que es la que se conecta a la salida del agua, y otra móvil que es la que se conecta al artefacto. Las roscas macho son las externas (las que podemos ver), mientras que las roscas hembra son las que están por dentro (las que no podemos ver).

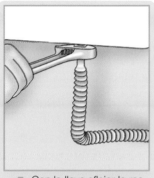

1 Con la llave aflojar la rosca que conecta al artefacto, que habitualmente es la rosca móvil.

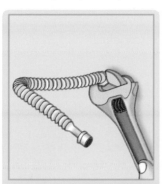

2 Luego, aflojar la rosca que conecta a la salida de la pared y retirar el flexible.

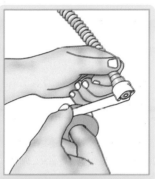

3 Colocar cinta teflón en las roscas macho, siempre en sentido de la rosca para que no se salga en el momento de realizar la conexión.

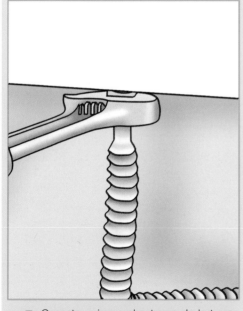

4 Conectar primero el extremo de la tuerca fija, que va a la salida de agua de la pared y luego el otro extremo al artefacto. Apretar las tuercas móviles con la llave hasta que queden firmes.

Para tener en cuenta

 Si compró un flexible en el que ambos extremos tienen rosca giratoria, es indistinto qué extremo va a cada conexión. Si tiene un flexible de un extremo fijo y otro giratorio, el fijo siempre se conecta primero y va a la pared.

 Al comprar el flexible, tome la distancia entre la salida de agua y la conexión con el artefacto. Prevea que el flexible no puede ser más corto que esta distancia, en cambio si es más largo no tendrá inconvenientes al hacer la conexión.

Si pierde por la unión de la rosca del flexible, verifique que el teflón esté bien colocado, necesite más, o tenga que ajustar un poco más la rosca.

Descargas

Las descargas son instalaciones sanitarias por las que desagotan (descargan) todos los fluidos de las bachas, lavarropas, bañaderas y cualquier artefacto que junte líquido.

Hay dos tipos de descargas: las que llevan sifón simple o doble. Esto depende del tipo de bacha en donde se haga la instalación. Normalmente, la doble se ve en las cocinas con doble bacha, y la simple, por ejemplo, en la descarga de los lavarropas.

Por otro lado, las descargas siempre está la que comúnmente se conoce como "sifón" y su función es evitar que los olores retrocedan. El sifón está siempre, aunque no siempre puede verse a simple vista. Cuando sucede esto, es que está ubicado en la rejilla.

Las descargas pueden encontrarse tanto en la pared, como en el piso. Cuando las descargas están en el piso, los sifones se encuentran en las rejillas. A pesar de esto, es conveniente colocar una descarga con sifón en la bacha de la cocina para asegurarnos de que los olores no retrocedan.

 La altura para la descarga del lavarropas es de 60 cm contando a partir del piso y el diámetro del caño debe ser de 2 pulgadas.

Limpiar un sifón de goma

Habitualmente los sifones se encuentran en el bajo mesada, en el caso de las cocinas; o debajo de las bachas, en el caso del lavadero o del baño. Antes de comenzar a trabajar es conveniente despejar la zona para trabajar con comodidad.

MATERIALES

- GUANTES
- BALDE
- TRAPOS VARIOS
- DESINFECTANTE

✓ Consejo

Cuando realice estos trabajos de limpieza, siempre utilice guantes de goma y desinfecte todo con lavandina.

1 Ubicar un balde justo debajo del sifón.

2 Desenrosque la base del sifón de goma y deje caer todos los desperdicios y el agua acumulados.

3 Con un trapo y agua con lavandina, limpie la base del sifón y vuelva a roscar la tapa. En los sifones de goma la base puede estar directamente roscada o sujeta con una mariposa.

Reemplazar un sifón de plomo

Antiguamente toda la instalación sanitaria se realizaba en plomo. En la actualidad en algunas viviendas todavía hay sifones de plomo, que en muchos casos se prefiere reemplazarlos.

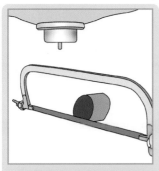

1 Retirar el sifón viejo cortando con la sierra el plomo a 10 cm de la salida de la pared. Con el destornillador aflojar la rosca de la sopapa de la bacha y terminar de retirarlo.

2 Colocar la sopapa nueva en la bacha y ajustar el tornillo.

3 Calzar el nuevo sifón a la salida de la pared por el extremo del fuelle, y el otro extremo conectarlo en la base de la sopapa. Ajustar las abrazaderas con el destornillador hasta que estén firmes

MATERIALES

- SIERRA
- SIFÓN NUEVO
- ABRAZADERAS
- DESTORNILLADOR
- SOPAPA PARA LA BACHA.

Consejo ✓

En este caso debe comprar un sifón tipo "croupier", porque el diámetro del caño de plomo es más chico.

Reemplazar un sifón de goma por otro

Es habitual que, por desgaste del material, tenga que reemplazar un sifón de goma.

1 Desajustar los tornillos de las abrazaderas con el destornillador y retirar el sifón viejo.

2 Calzar el nuevo sifón a la salida de la pared por el extremo del fuelle. El otro extremo conectarlo en la base de la sopapa, ajustar las abrazaderas con el destornillador hasta que estén firmes.

MATERIALES

- SIFÓN NUEVO
- ABRAZADERAS
- DESTORNILLADOR

Destapaciones

En verano, al usar menos el agua caliente, las cañerías suelen taparse más seguido por acumulación de grasas.

Para evitar este problema, una vez por semana deje correr el agua con la temperatura elevada durante 10 minutos por todas las canillas de agua caliente que tenga la casa. Vierta un chorro de detergente en cada desagüe; ayudará a la desintegración de la grasa.

Muchas veces una cañería tapada puede solucionarse fácilmente con una cinta especial para este tipo de trabajos. Vienen en medidas de 5, 7 y 15 metros y hay varios modelos en el mercado, aunque las recomendadas son las espiraladas, ya que su formato permite un mejor manejo dentro de la tubería.

Su costo es casi el mismo que los honorarios de un plomero profesional, y si habitualmente debe realizar este tipo de trabajos, es conveniente tener esta cinta en nuestra caja de herramientas.

Destapación por sifón

MATERIALES

- CINTA PARA DESTAPACIONES
- LÁMPARA PORTÁTIL

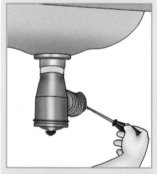

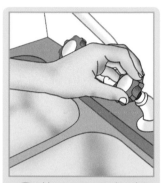

✓ Consejo

Es conveniente pasar toda la cinta que tenga, para asegurarse que la obstrucción se ha eliminado eficazmente.

1 Retirar el sifón en la parte de la conexión a la salida de la pared, previamente haber despejado la zona para trabajar con comodidad. Tener una lámpara portátil, ya que habitualmente en ese sector no hay una buena iluminación.

2 Introducir la cinta por la descarga de la pared haciendo girar la cinta a medida que se va introduciendo en el caño, y empujando hacia adentro a medida que va avanzando en el trayecto.

3 Una vez que la cinta corra libremente, volver a armar el sifón. Hacer correr agua bien caliente con detergente para ayudar a la limpieza de la tubería.

Destapación por rejilla

MATERIALES

- CINTA PARA DESTAPACIONES
- TRAPOS VARIOS
- BALDE
- AGUA
- DETERGENTE

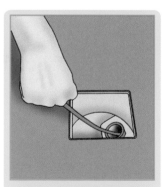

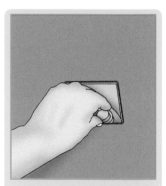

1 Retirar la rejilla superior, luego retirar el tapón del sifón de la rejilla, que se encuentra en el lugar, para poder pasar la cinta desde ahí hasta el lugar donde la tubería esté tapada.

2 Introducir la cinta por el sifón de la rejilla haciendo girar la cinta a medida que se va introduciendo en la cañería, e ir empujando hacia adentro a medida que avanza en el trayecto.

3 Una vez que la cinta corra libremente, volver a colocar el tapón del sifón de la rejilla. Tirar varios baldes de agua bien caliente con detergente para ayudar a la limpieza de la tubería.

Instalación de una rejilla

Suele ocurrir que, luego de colocar un piso nuevo, o por desgaste natural del material, tenga que reemplazar un rejilla. O que simplemente esté en una obra nueva y tenga que hacer usted mismo esta instalación. El trabajo es sencillo siguiendo los pasos que a continuación se detallan.

1 Tapar el caño (desagüe) con un bollo de papel de diario envuelto en bolsa de nailon y atado con alambre. Dejarle una manija para poder extraerlo cómodamente una vez finalizado el trabajo.

2 Presentar la rejilla (con el marco incluido) y verificar la medida que se va a romper. Tener en cuenta que el hueco debe ser un centímetro más grande para poder amurar el marco.

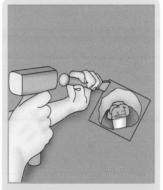

3 Con la masa y el cortafrío romper hasta la medida marcada previamente.

4 Amurar el marco con cemento rápido, verificando con el nivel que no quede torcida y al mismo nivel del piso.

5 Rellenar el resto de la abertura con material tradicional.

6 Dejar secar durante 24 hs. Retirar el bollo de papel y colocar la tapa de la rejilla.

Consejo ✓

Si la rejilla se encuentra en medio de un patio, mientras no tenga la tapa colocada, poner una tabla sobre el hueco para evitar accidentes.

Amurar una bañadera

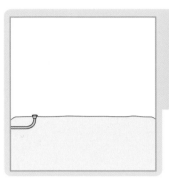

1 Hacer una cama de arena y cal, en proporciones de 3 x 1, y ubicar esta mezcla de forma uniforme sobre la base donde va a asentar la bañadera.

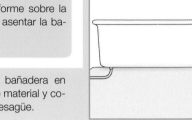

2 Asentar la bañadera en la cama de material y conectar el desagüe.

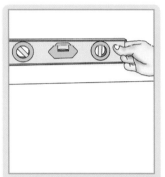

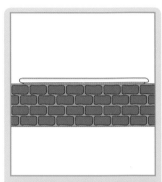

3 Nivelar la caída de 5 a 7 milímetros hacia el desagüe y verificar la horizontalidad de la misma. La única pendiente que debe tener la bañadera es hacia el sector de la sopapa (desagüe).

4 Amurar los extremos con material tradicional y ladrillos (cemento, cal y arena; se puede usar la misma mezcla que para el revoque grueso), dejando libre el sector del desagüe.

5 Levantar la pared frontal con ladrillos comunes de canto. Dejar 3 centímetros, como mínimo, hacia adentro desde el borde de la bañadera, para poder realizar luego el revoque grueso y la colocación del revestimiento.

6 Revocar toda la superficie y dejar secar el material. Luego colocar el revestimiento elegido y empastinar una vez seco el adhesivo del revestimiento.

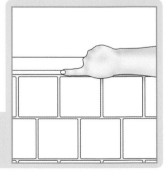

7 Colocar pastina en todo el borde de la bañera.

Es importante en este caso dejar secar durante 72 horas antes de ser usada o seguir trabajando para evitar que se desnivele.

Consejo ✓

Si la bañadera va insta-
lada en un piso superior,
es conveniente colocar
en la base algún tipo
de aislante hidrófugo,
y prever de esta manera
futuras filtraciones.

Filtraciones

Las filtraciones no solamente ocurren en los techos, también pueden producirse en las mesadas de las cocinas, lavaderos o los baños. Para este trabajo, los arreglos se dividieron según los tipos de materiales usados en las mesadas.

MATERIALES

- TRAPOS VARIOS
- SELLADOR DE SILICO-NAS

Para mesadas de madera, o revestidas en melamina

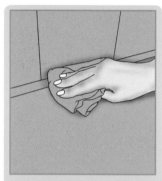

1 Secar bien la zona afectada.

2 Aplicar sellador de siliconas.

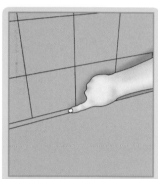

3 Alisar la aplicación con el dedo, mojado previamente en agua.

✓ Consejo

En ambos casos dejar secar bien el material antes de volver a usar.

MATERIALES

- TRAPOS VARIOS
- PASTINA
- AGUA
- ESPÁTULA
- ESPONJA

Para mesadas de mármol o material

1 Secar bien la zona afectada.

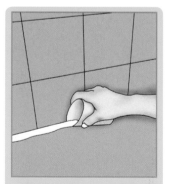

2 Preparar la pastina en forma cremosa y aplicarla por los bordes apretando el material con el dedo.

3 Limpiar con una esponja apenas húmeda el sector donde se aplicó la pasta.

Desprendimiento de la bacha

Si bien no es muy frecuente, puede suceder que se desprenda la bacha por haber existido filtraciones muy severas, y que esto haya afectado el pegamento que unía la bacha a la mesada. También puede haber sucedido que desde un comienzo el adhesivo no se haya puesto correctamente. En cualquiera de los casos volver a pegar la bacha es una tarea sumamente simple.

1 Desconectar el sifón de la descarga de la pared y retirar la bacha.

2 Limpiar la zona de contacto, tanto en el borde de la mesada como en el borde de la bacha con una lija mediana.

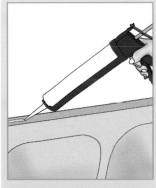

3 Colocar pegamento en todo el borde de la bacha.

MATERIALES

- LIJA MEDIANA
- DESTORNILLADOR
- 3 LISTONES DE MADERA
- PEGAMENTO ESPECIAL PARA BACHAS

4 Calzarla en el hueco de la mesada con la ayuda de los listones. Colocarlos: uno en forma transversal en la base de la bacha y los otros dos sosteniendo el anterior desde el piso, en forma oblicua y ejerciendo una leve presión para asegurar su inmovilidad. Dejar secar durante 24 horas antes de retirarlos.

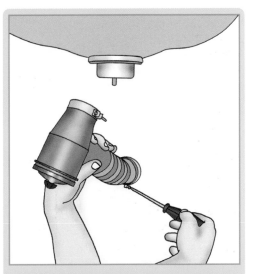

5 Retirar los listones y volver a conectar el sifón a la descarga de la pared y luego a la sopapa de la bacha.

Limpieza de tanque

Es cierto que para la limpieza del tanque siempre se recomienda un profesional, sobre todo cuando se trata de tanques muy grandes. También es importante realizar análisis del agua. Sin embargo, en los casos de las viviendas unifamiliares, donde el tanque está ubicado en un lugar accesible y sus dimensiones son chicas, esta tarea puede ser realizada por uno mismo.

 La limpieza del tanque debe realizarse cada 6 meses

1 Cerrar la llave de ingreso de agua al tanque, luego la llave que da paso a la cañería de distribución interna. Finalmente, abrir la válvula de limpieza, que es una canilla que se encuentra en la base del tanque. En el fondo del tanque deben quedar unos 10 cm de agua aproximadamente.

2 Con un cepillo plástico pasar enérgicamente por las paredes, la tapa y el fondo del tanque, usando solamente agua.

3 Vaciar el tanque completamente y enjuagar varias veces, usando siempre la válvula de limpieza.

MATERIALES

- CEPILLO PLÁSTICO
- LAVANDINA
- AGUA

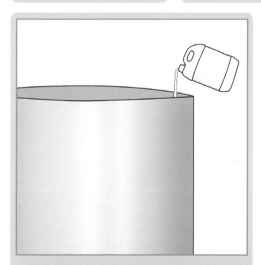

4 Volver a llenar el tanque hasta la mitad con agua y agregar por cada 1.000 litros de agua, dos litros de lavandina concentrada. Terminar de llenar el tanque y esperar tres horas.

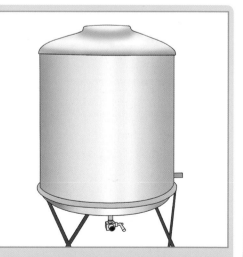

5 Eliminar el agua por la cañería de distribución interna. Repetir este paso tantas veces como sea necesario hasta sacar el exceso de cloro. Volver a llenar el tanque, previa colocación de la tapa, y poner en servicio.

Consejo ✓

Nunca usar detergentes, jabones de ningún tipo ni cepillos metálicos para este tipo de mantenimiento.

Índice

Plomería en casa

127

ediciones
SuperPráctica